RAINBOW LIGHTNINGS  REGENBOGENBLITZE

**Edition Axel Menges**

# REGENBOGEN
# RAINBOW

## Wolfgang Rang

# LIGHTNINGS
# BLITZE

© 2022 Edition Axel Menges, Stuttgart / London
ISBN 978-3-86905-029-4
with a film on DVD by Arche Noah Filmproduktion, 2022

Alle Rechte vorbehalten, besonders die der Übersetzung in andere Sprachen.
All rights reserved, especially those of translation into other languages.

*Gestaltung / Design*: Miguel Fernández, Wolfgang Rang
*Druck und Bindearbeiten / Printing and binding*: TOTEM Digital Printing, Inowrocław

Alle Abbildungen von Wolfgang Rang.
All images except those separately marked by Wolfgang Rang.

beyond time they are born, leaving nothing
but the fragrance of memory

jenseits der Zeit werden sie geboren, interlassen nichts
ausser den Duft der Erinnerung

# Rainbow Lightnings

14   **light**      goes from star to star
       **Licht**      geht von Stern zu Stern
                   fragrant exploring the universe
                   erkundet duftend das All

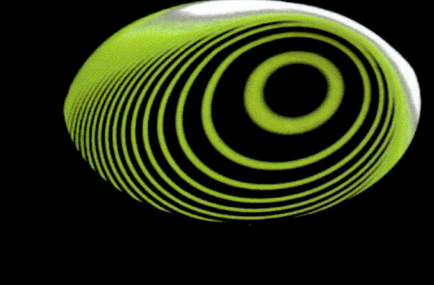

22   **invisible vibrations of light**      enter from space
       **unsichtbare Schwingungen**      aus dem Weltall
                                          becoming crystals of light
                                          formen LichtKristallWesen

30   **sun**      do you see me ?
       **Sonne**      siehst du mich ?

38   **light is dancing**      around earth
       **Licht tanzt**      um die Erd`

46   **islands of light**      filaments of light are connecting them
       **Inseln des Lichts**      Lichtfäden verbinden sie

# RegenbogenBlitze

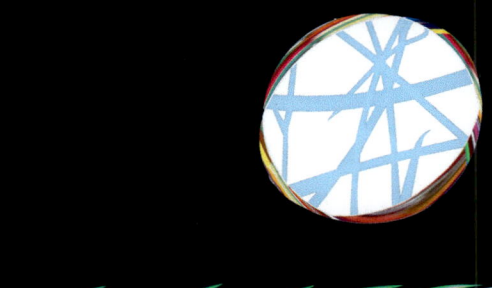

searching for light !   **space**
sucht Licht !   **Raum**

dissolve space   **space light crystals**
lösen Raum auf   **Lichtraumkristalle**

dance the universe   **light poems**
tanzt das Alls   **Lichtgedichte**

out of nothingness --- passing by   **light discs**
aus dem Nichts --- vergehen   **Lichtscheiben**

what an overflowing bliss !   **if light is sound**
welch' Überfliessendes Glück !   **wenn Licht Klang ist**

94   **the Eternal City**   is unvisisble
      **die Ewige Stadt**   ist unsichtbar

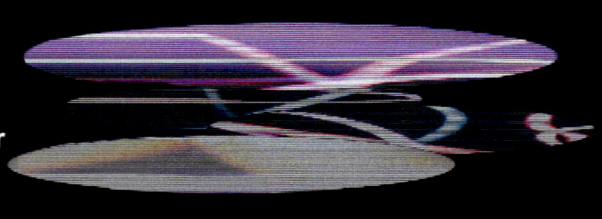

102   **lightnings**   bubble every heart
      **im Bann der Blitze**   sprudelt jedes Herz

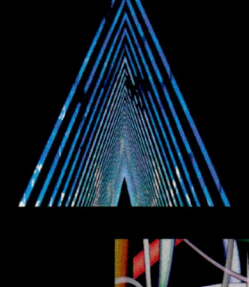

110   **darkness**   give birth to light cubes
      **Finsternis**   gebärt Kuben aus Licht

118   **fire of life**   shoot up to the skies
      **Feuer des Lebens**   schnellen ins All

126   **the city of Fire Blossoms**   is laying right beyond the horizon
      **Stadt der Feuerblüten**   sie liegt kurz hinter dem Horizont
                              along the river of the universe
                              am Fluss des Alls entlang

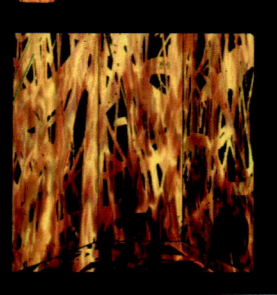

134   **lightnings liberated**   being earth and the skies
      **Blitze**   tanzen befreit
            sind Erd' und Himmel zugleich

was wandering with the wind looking for joy and happiness    **light**   142
wanderte mit dem Wind auf der Suche nach Ewigem Glück    **Licht**

dance time beyond time    **light cristals**   150
tanzen Zeit jenseits Zeit    **Lichtkristalle**

overruns the horizon    **fire lightning**   158
überrollt Horizont    **Feuerblitz**

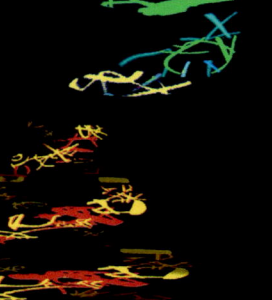

dances around mother's mark in the sea    **fragrant light**   166
umtanzt ein Muttermal im Meer    **duftendes Licht**

leaves nothing    **light rain**   174
lässt nichts zurück    **Lichtregen**
but memories
außer Erinnerungen

that light has so many brothers and sisters ?    **Lo and behold**   182
das Licht so viele Brüder und Schwestern hat ?    **wer hätte gedacht**

Beyond time --- invisable vibrations enter from space becoming
light entities and crystals of light shaping space on our planet.

In rainbow lightnings they sparkle, flame, flash up, weave a net
of light --- attracting, energizing each other -- creating inspiring
spaces to walk-in.

They emerge out of nothingness, grow to light arcs, figurines,
cubes, gurgling sky discs, chirping turbulences, flying labyrinths
and cosmic serpants – just singing cathedrales of light !

They vibrate, weave, sound, expand time .... give birth to
light tents, walls, lines, clouds, swirls --- They laugh, refresh,
snuggle, heal, moving and passing by.

Dream like they hug, jubilate, open unknown messages,
explode in buds of light.
They are ecstatic eruption, vibration in space --- converting
darkness and death into colourful light.

They enrich and form spaces, cities and landscapes allover the
world.

As poems of light they go from door to door – turn aound, glide
inside, search spaces in-between --- fragrant exploring the
universe.

If you approach them in space, you become aware of their
radiance and pulse, their sweetness and light, here referred to
as „rainbow lightnings"--- words cannot describe.

Beauty is their ambition --- being light at all places in the universe.
If light is sound --- what a sweet bel canto !
    what a sparkling festival !
    what an ecstasy of joy !
    what an overflowing bliss and happiness!

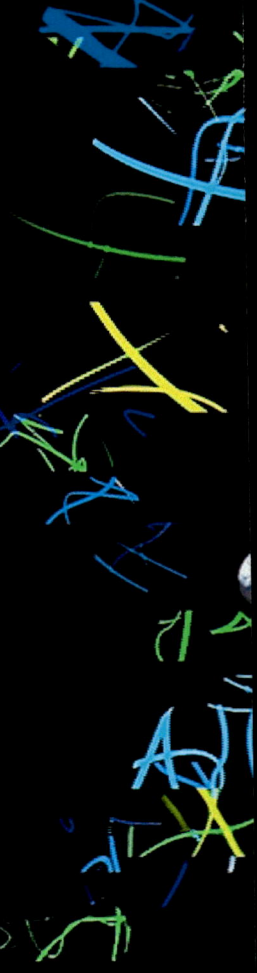

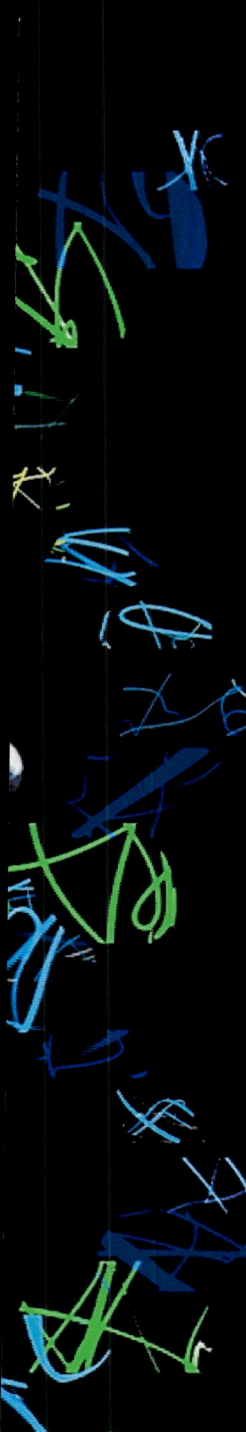

# RegenbogenBlitze

Seit jenseits der Zeit --- formen unsichtbare Schwingungen aus dem Weltall LichtKristallWesen auf unserem Planeten.

In RegenbogenBlitzen sprudeln, flammen, züngeln, blitzen sie auf, weben ein Netz aus Licht --- ziehen sich an, verdichten sich, werden Raum, der inspiriert und in den man hineingehen kann.

Sie tauchen auf aus dem Nichts, werden Lichtbögen, Figurinen, Kuben, gurgelnde Himmelsscheiben, zwitschernde Wirbel, ...., fliegende Labyrinthe, Kosmische Schlangen --- ja .......
Kathedralen des Lichts !

Sie vibrieren, weben, klingen, dehnen Zeit ...... gebären Zelte, Wände, Linien, Wolken, Strudel.
Sie lachen, erquicken, liebkosen, heilen, --- sind zeitlos, bewegen und vergehen.

Traumgleich umarmen sie uns und jubilieren, öffnen ungekannte Botschaften und explodieren in Knospen des Lichts.
Sie sind ekstatische Eruption und Vibration im Raum ---
wandeln farbenfroh Finsternis und Tod in Licht.

Sie bereichern und formen Räume, Städte und Landschaften.

Als Lichtgedichte gehen sie von Tür zu Tür --- biegen ab, gleiten hinein, suchen Zwischenraum --- erkunden duftend das All.

Kommst du ihnen nah, wird dir ihr Glanz und Puls, ihre Süsse und Licht fern aller Worte gewahr, hier „RegenbogenBlitze" genannt.

Schönheit ist ihr Ziel --- LichtSein an allen Orten im All.
Wäre ihr Klang Licht --- welch' süsser WohlGesang !
   welch' sprudelndes Fest !
   welche Ekstase,
   welch' Überfliessendes Glück regnet herab !

light goes from star to star
turns around, glides into spaces in-between
fragrant exploring the universe

dream like it is hugging, jubilating
open unknown messages
converting darkness into colourful light

Licht geht sie von Stern zu Stern
biegt ab, gleitet in ihren Zwischenraum
erkundet duftend das All

Traumgleich umarmt es und jubiliert
öffnet ungekannte Botschaften
wandelt farbenfroh Finsternis in Licht

Botschaften
or

**Milchstraße** 15

**Milchstraße** 17

beyond time
they are born --- springing out into space
leaving nothing --- but the fragrance of memory

jenseits der Zeit
werden sie geboren --- schnellen ins All
hinterlassen nichts --- ausser den Duft der Erinnerung

beyond time
invisible vibrations enter from space
becoming crystals of light on our planet

they vibrate, weave, sound, expand time
laugh, refresh, snuggle
moving and passing by

jenseits der Zeit
formen unsichtbare Schwingungen aus dem All
LichtKristallWesen auf der Erd´

vibrieren, weben, klingen, dehnen Zeit
lachen, erquicken, liebkosen
bewegen und vergehen

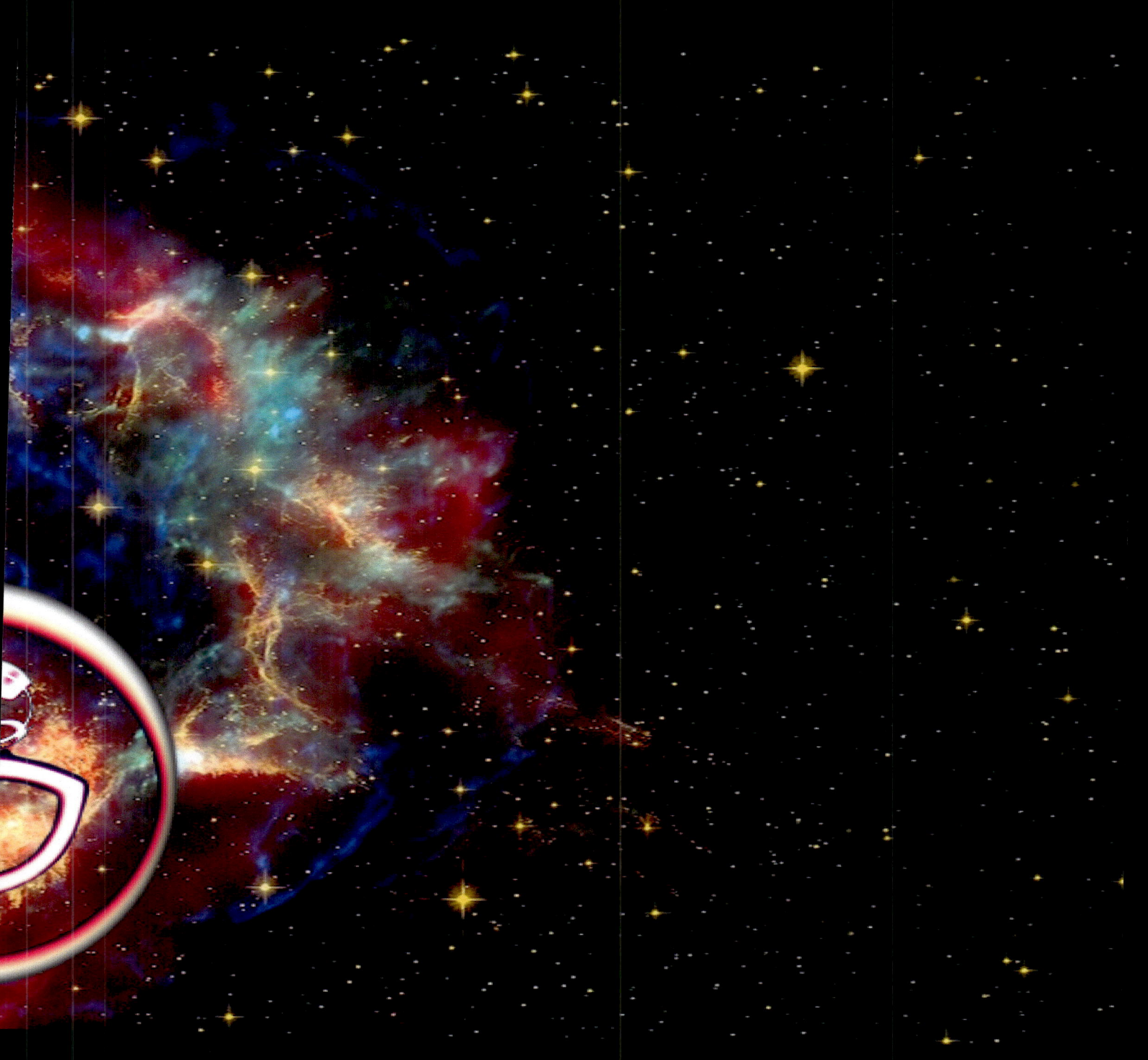

Cassiopeia 25

formless time
space without shape
inspire earth's dream

**formlose Zeit
Raum ohne Gestalt
erwecke Weltentraum !**

Sun do you see me ?
I fall to bits !
take my tears !
please give me your light ---  so I can bloom again !
Thou Gate --- Death and Birth !

Sonne siehst du mich ?
ich zerbreche grad !
nimm an meine Tränen !
bitte gib mir dein Licht --- auf das ich blüh' !
Du Tor --- Tod und Geburt !

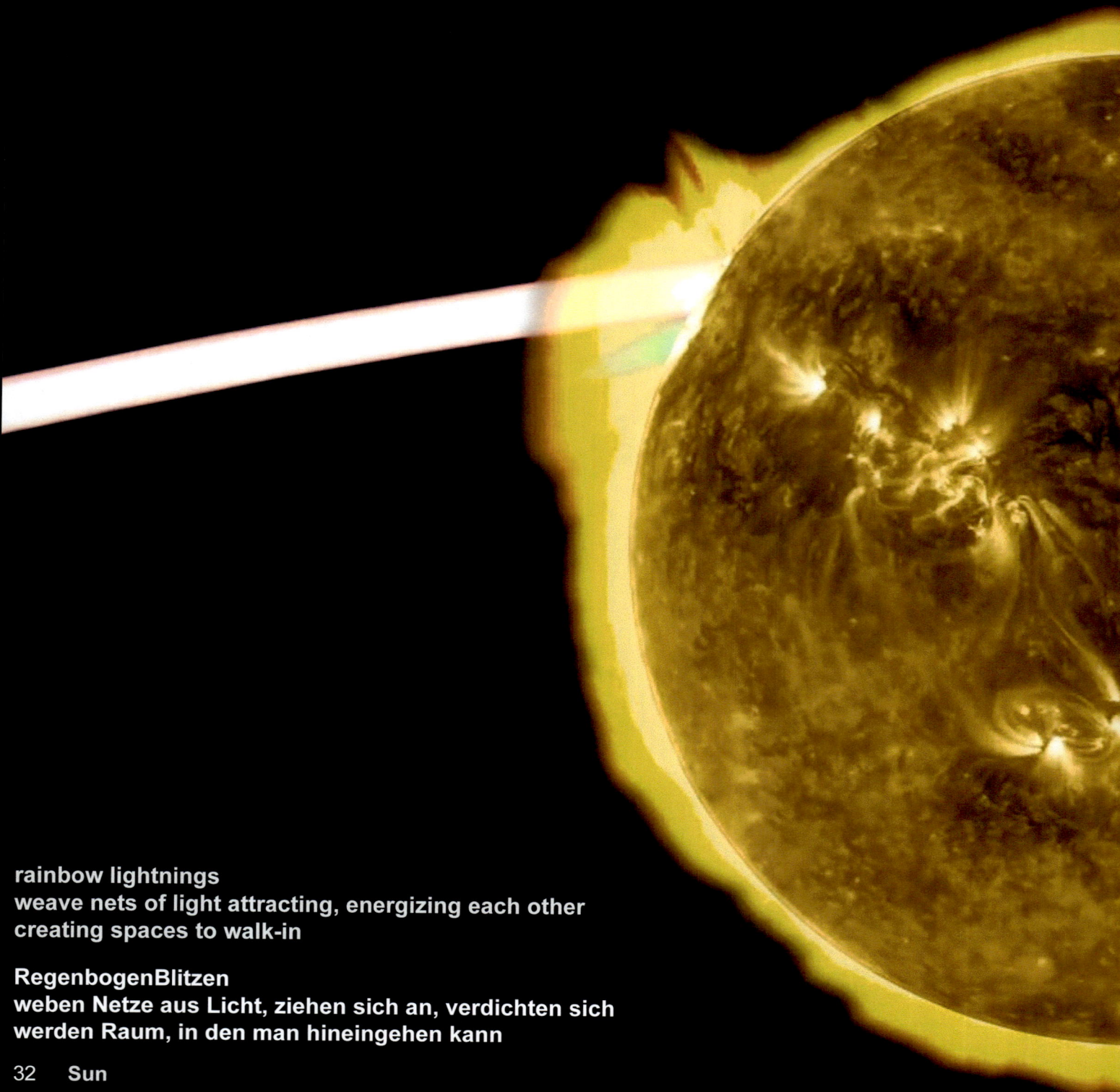

rainbow lightnings
weave nets of light attracting, energizing each other
creating spaces to walk-in

RegenbogenBlitzen
weben Netze aus Licht, ziehen sich an, verdichten sich
werden Raum, in den man hineingehen kann

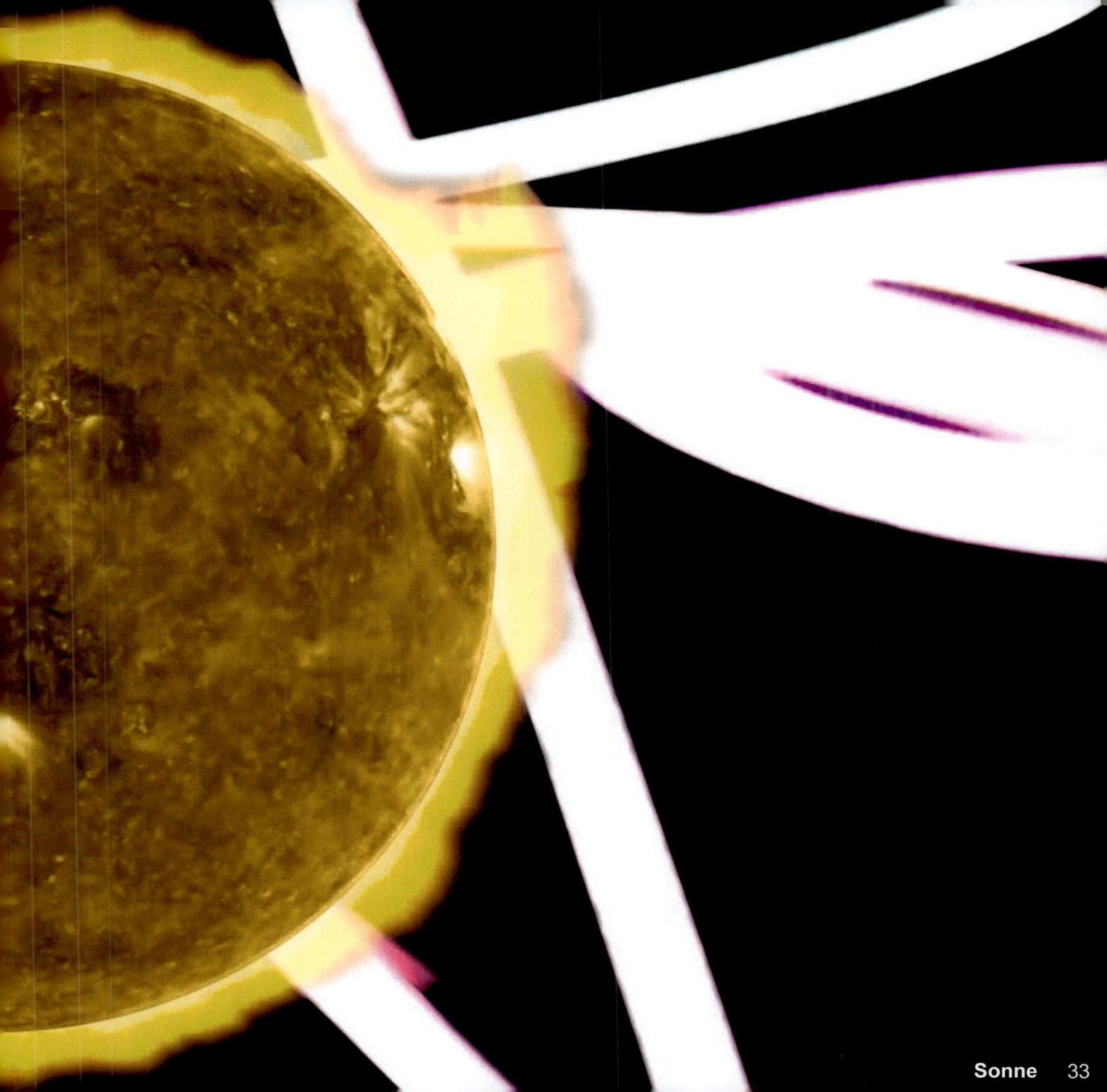

**Sonne** 33

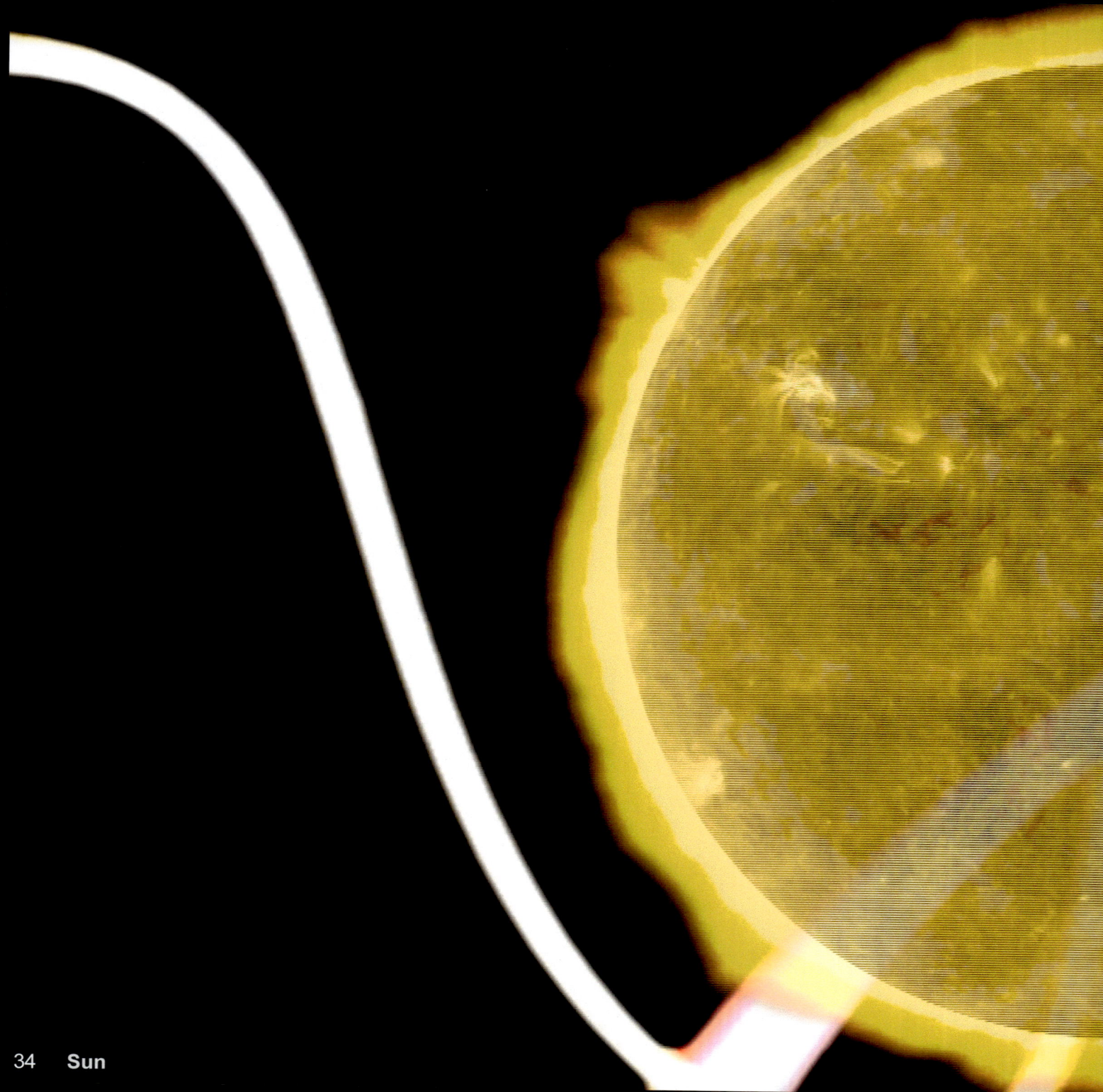

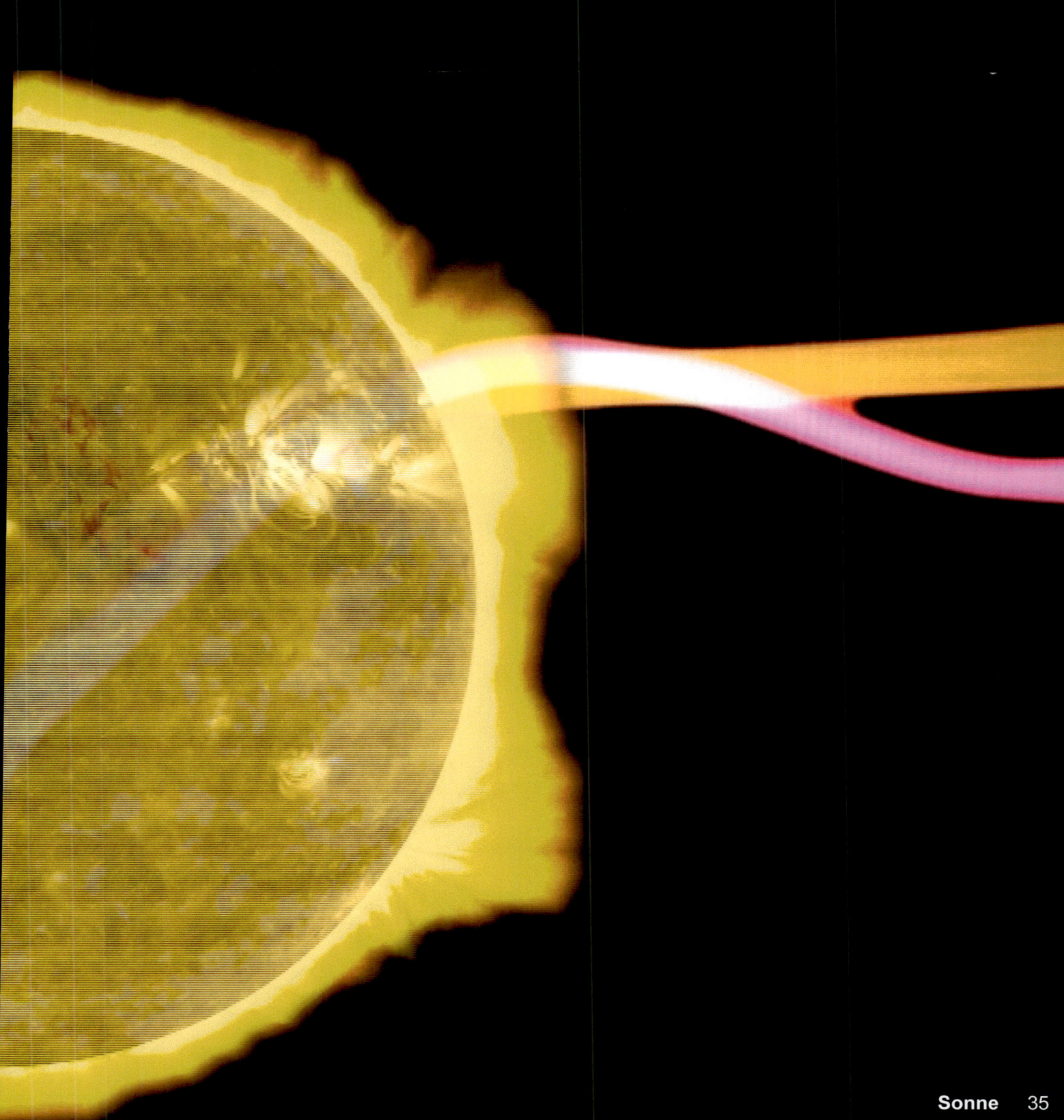

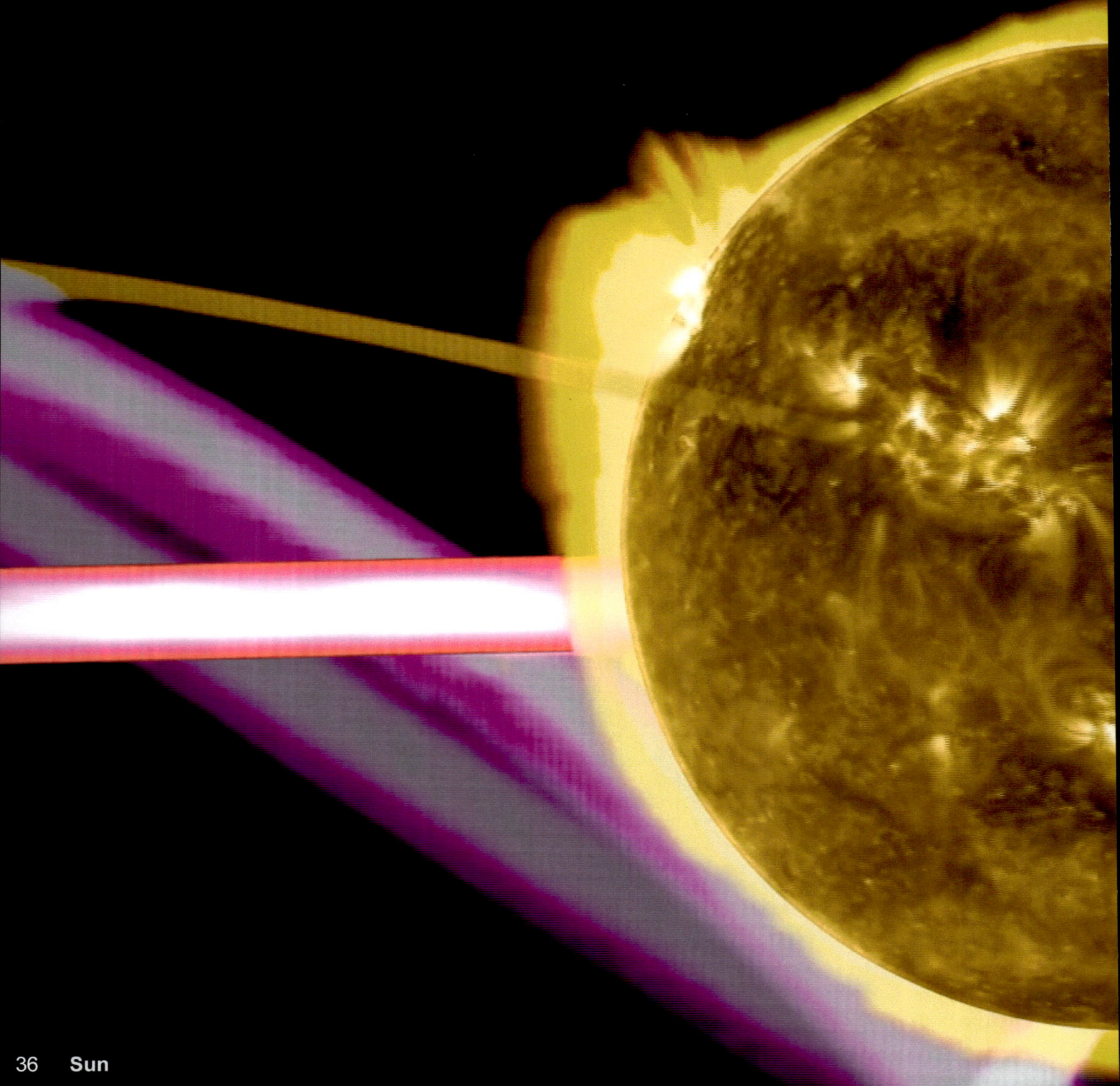

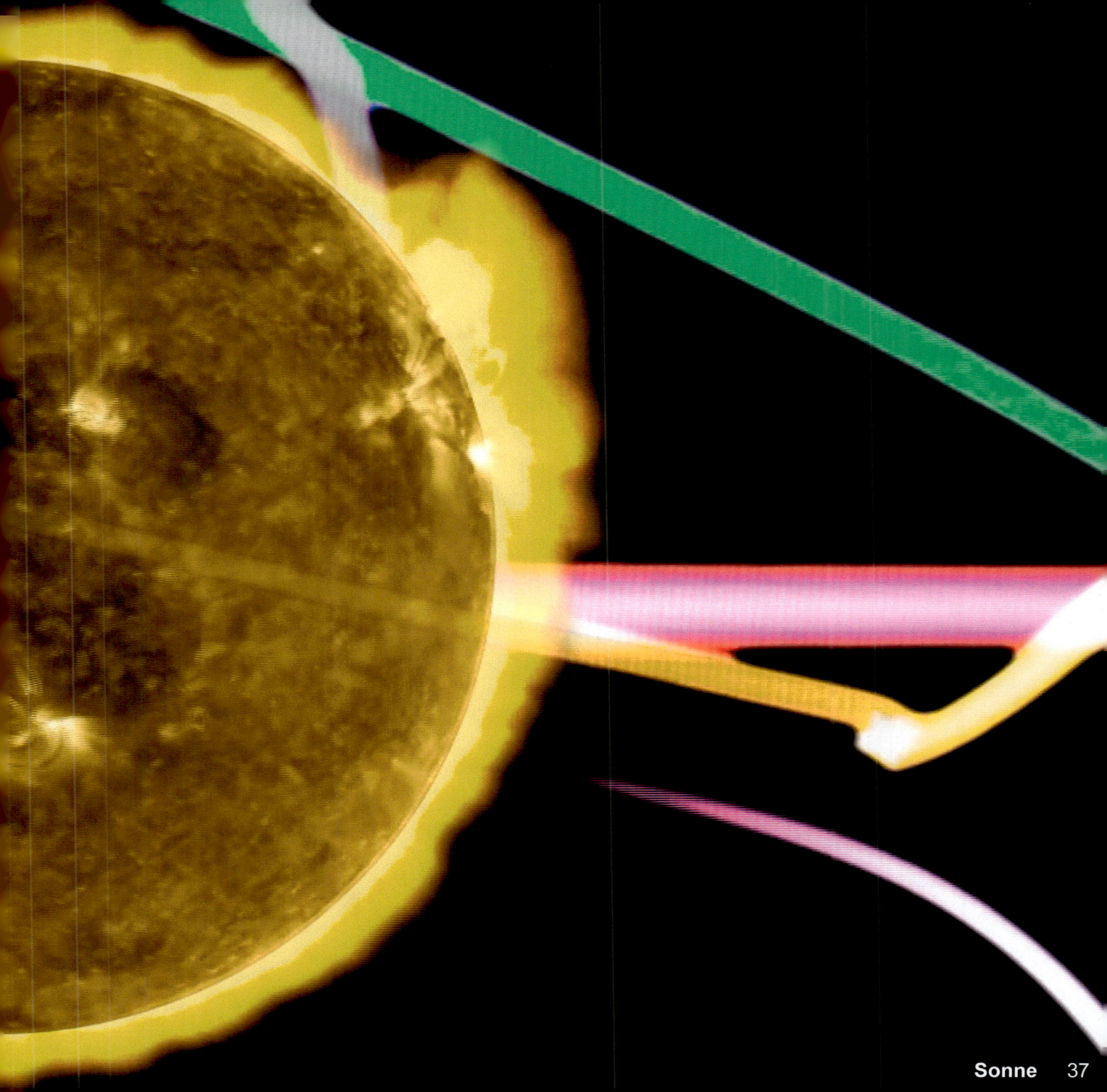

**Sonne** 37

light is dancing around earth
letting earth bloom

dancing light and fragrant time
are one --- if you look close

Licht tanzt um die Erd'
auf das die Erde blüht !

tanzendes Licht und duftende Zeit
sind Eins, schaust du hin !

**Planet Erde** 39

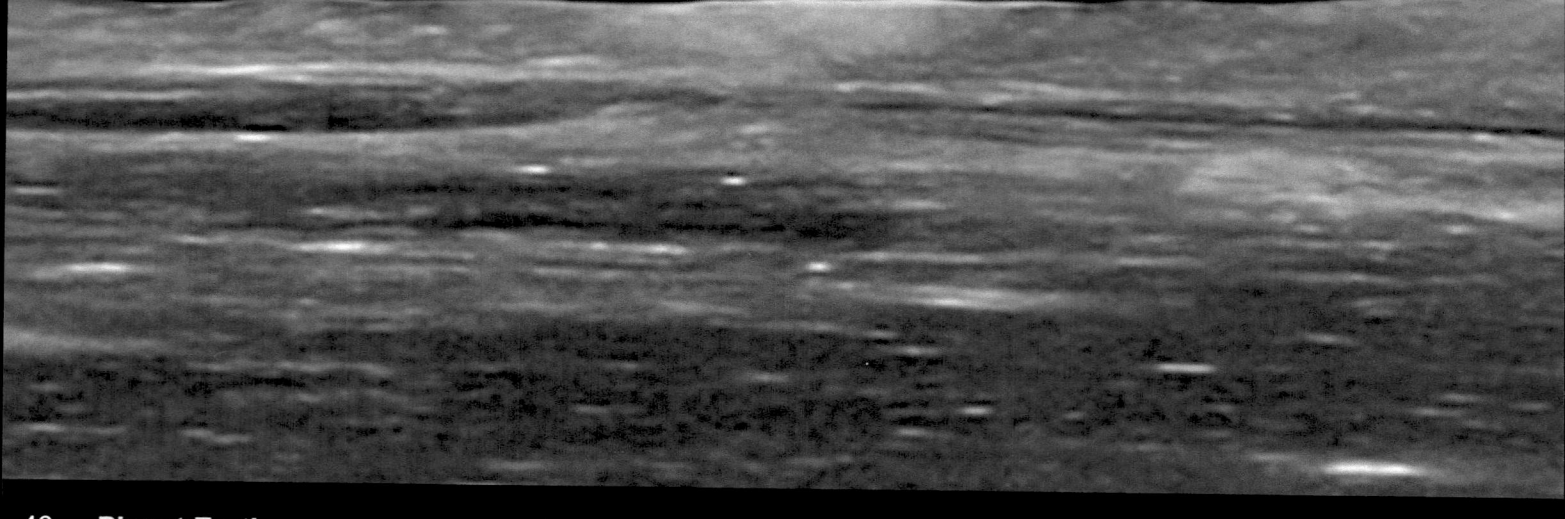

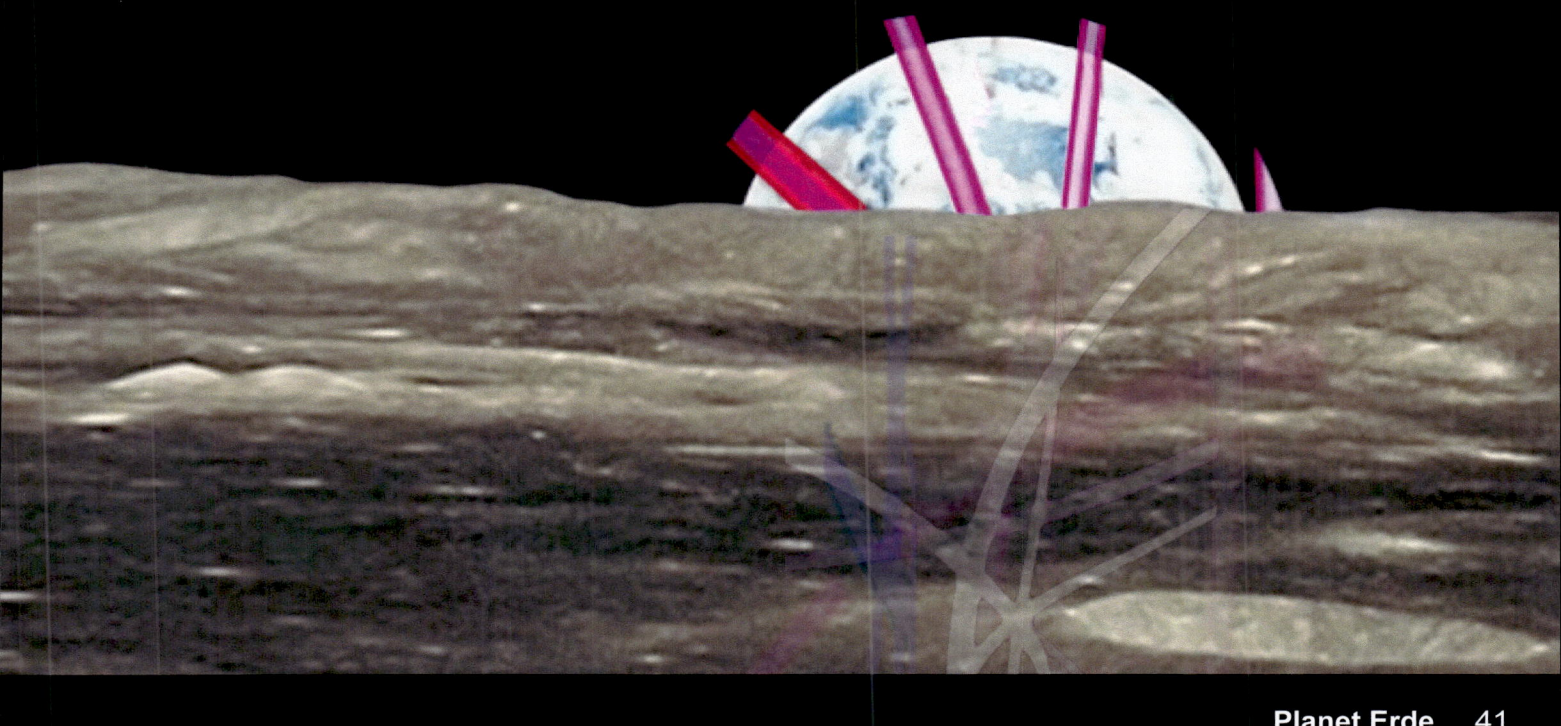

**Planet Erde** 41

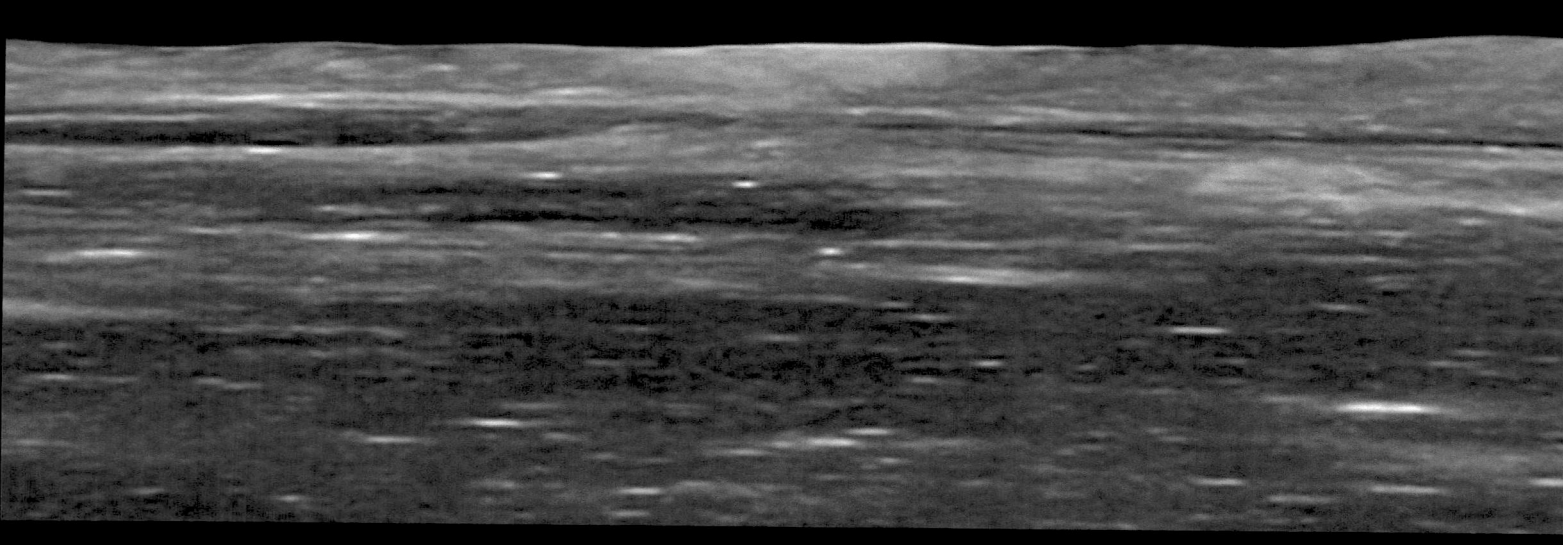

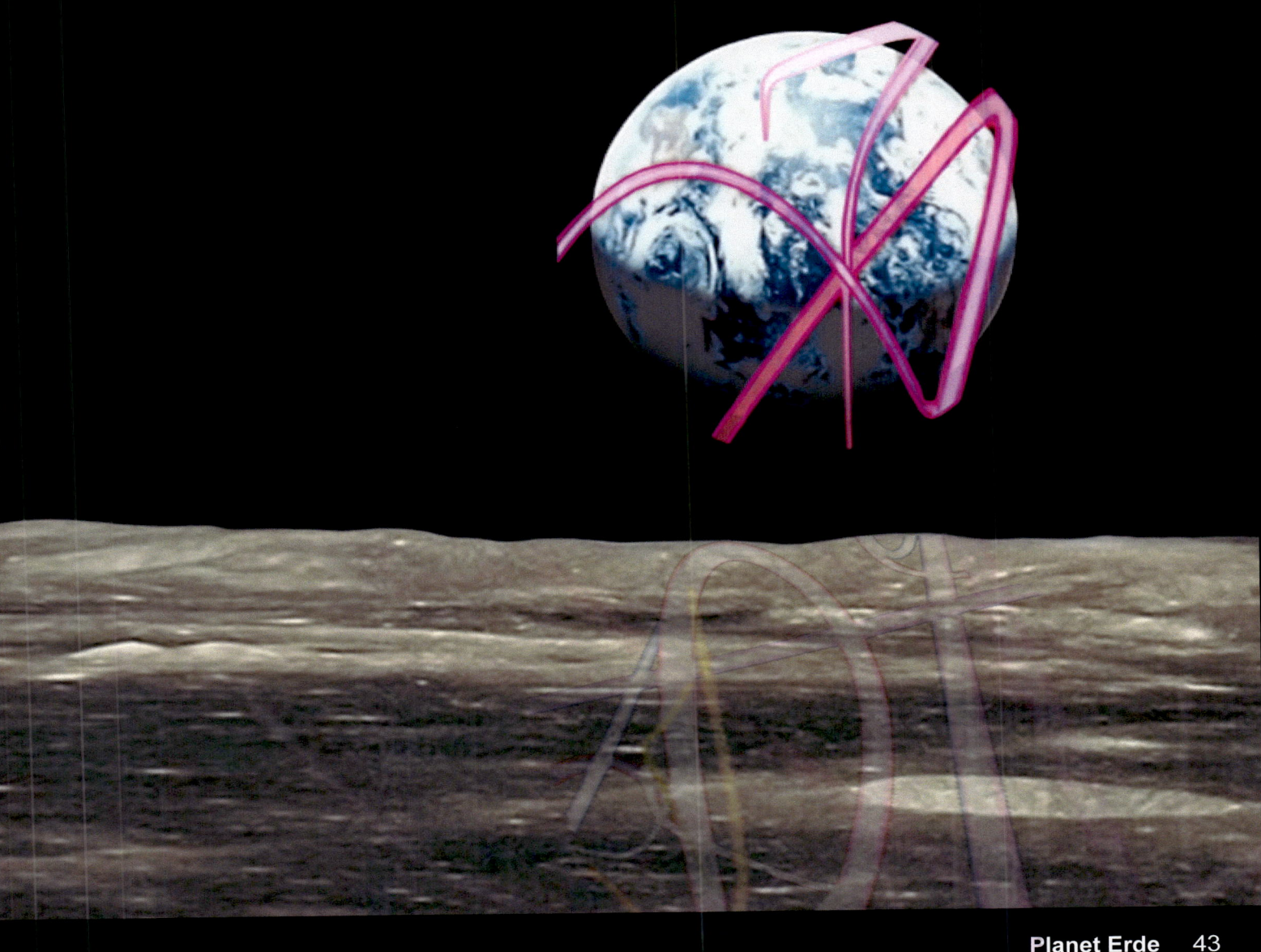

**Planet Erde** 43

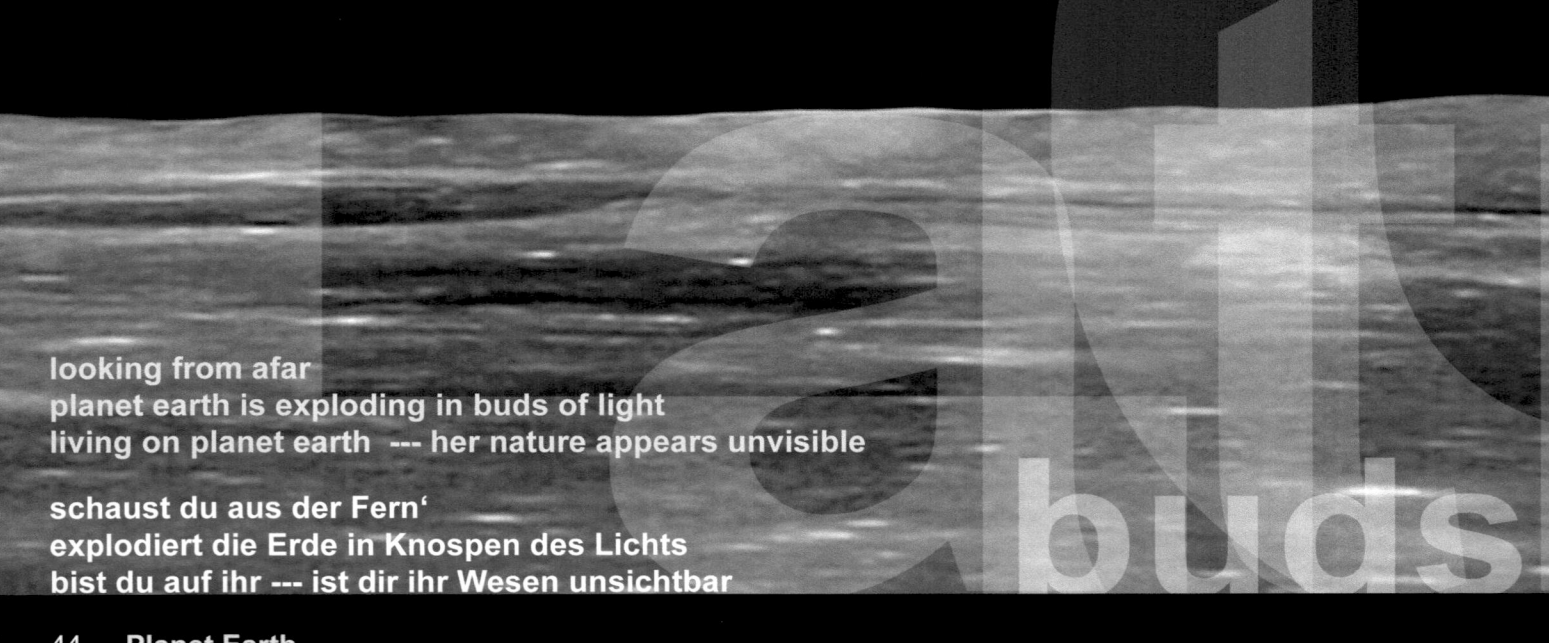

looking from afar
planet earth is exploding in buds of light
living on planet earth --- her nature appears unvisible

schaust du aus der Fern'
explodiert die Erde in Knospen des Lichts
bist du auf ihr --- ist dir ihr Wesen unsichtbar

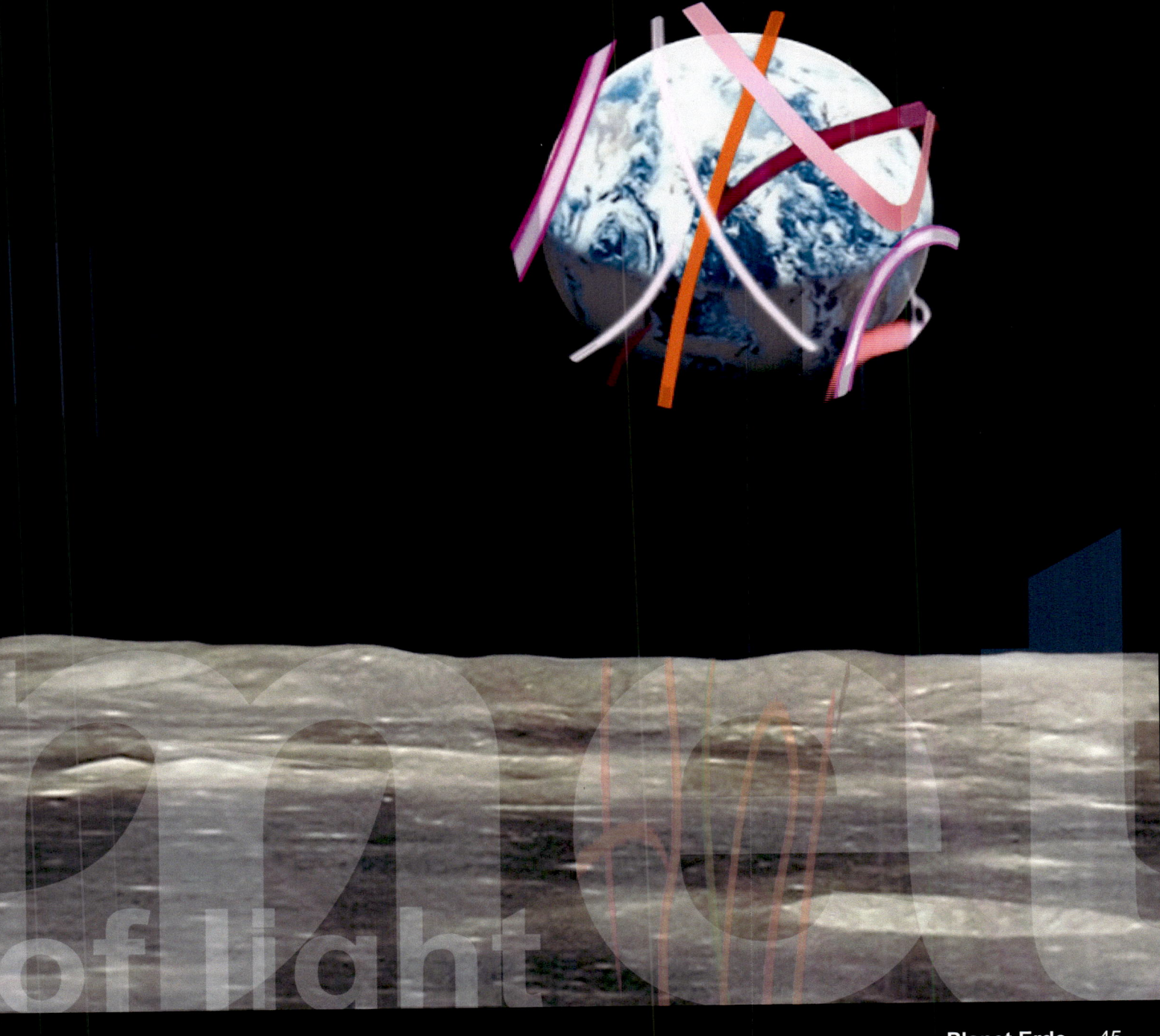

**Planet Erde** 45

# Kathedes
## islands des

islands of light
Inseln des Lichts

46   Frankfurt, Germany

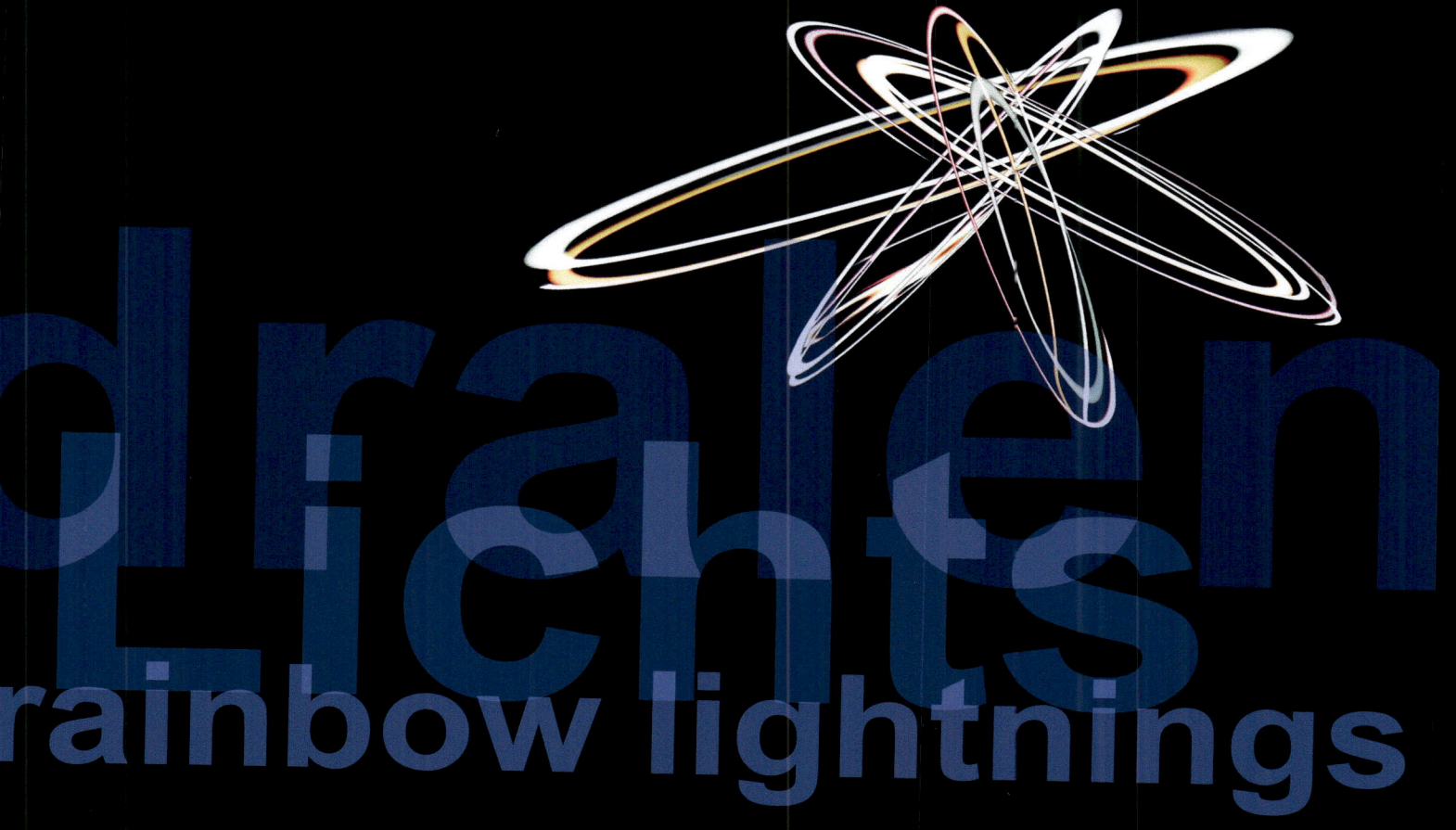

**drallen**
**Lichts**
**rainbow lightnings**

Frankfurt, Deutschland

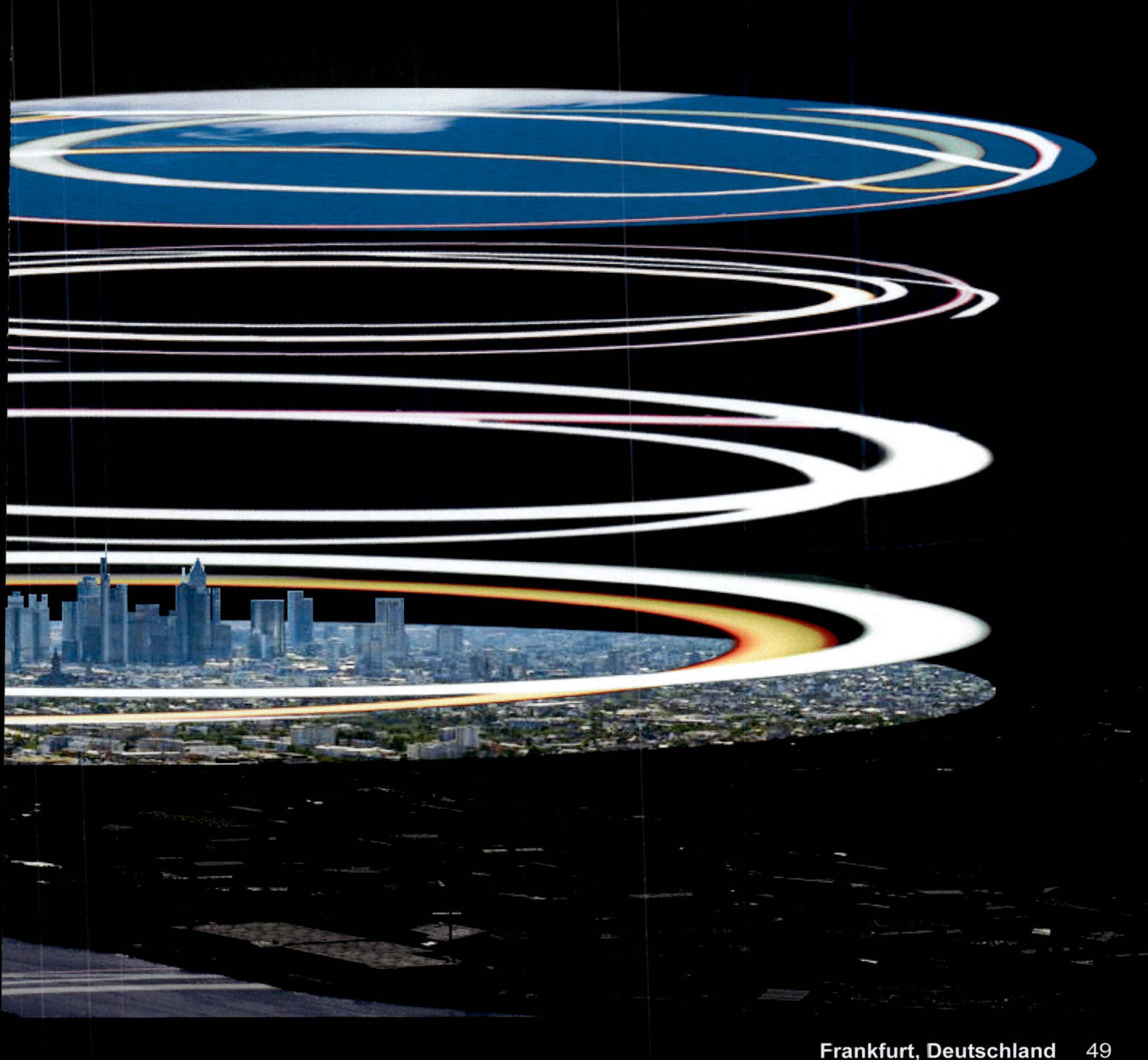

**Frankfurt, Deutschland**

islands of light are everywhere
seeding new islands --- blooming earth

**Inseln des Lichts gibt es überall
sie säen neue Inseln --- auf das die Erde blüht**

Frankfurt, Germany

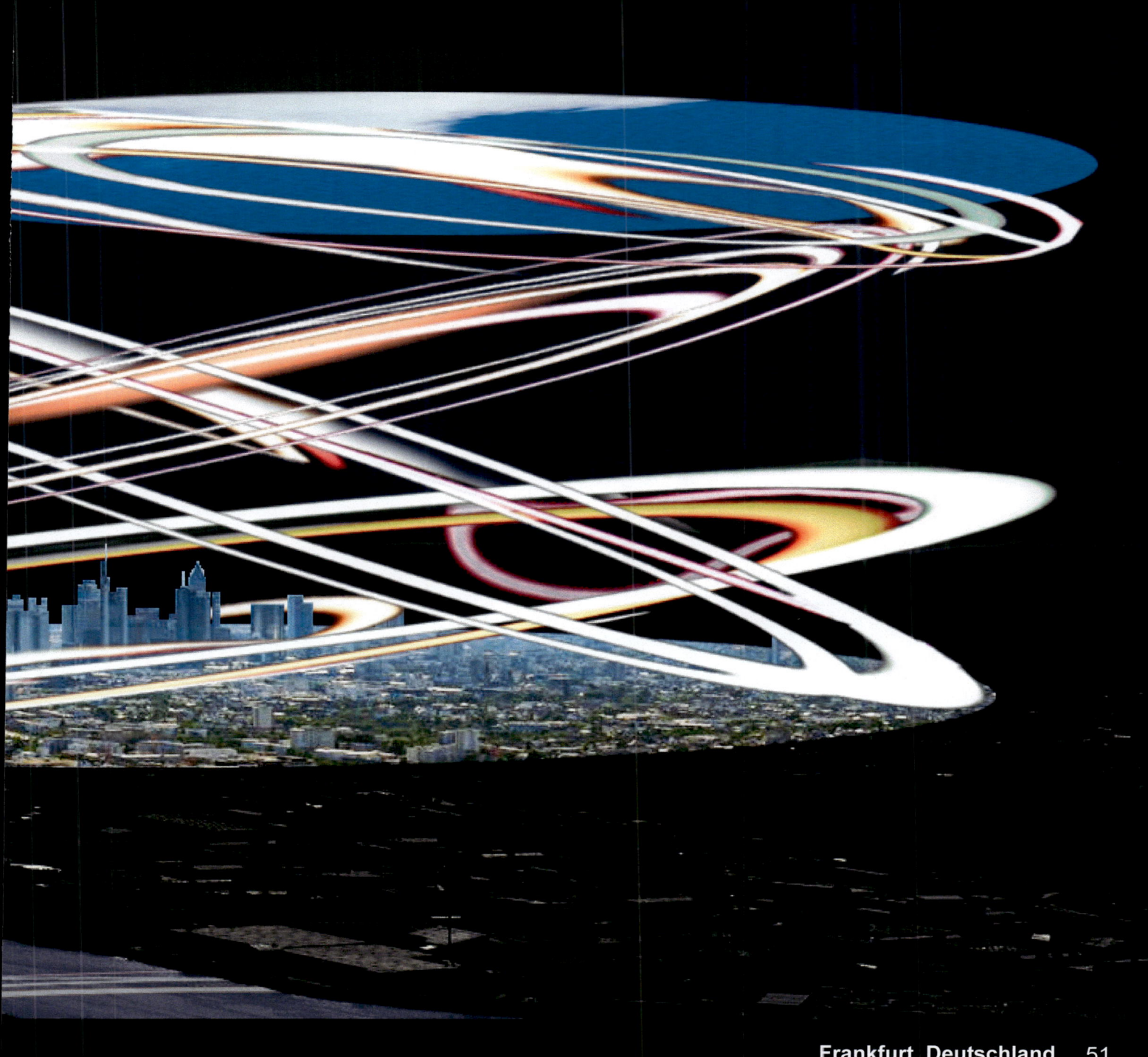

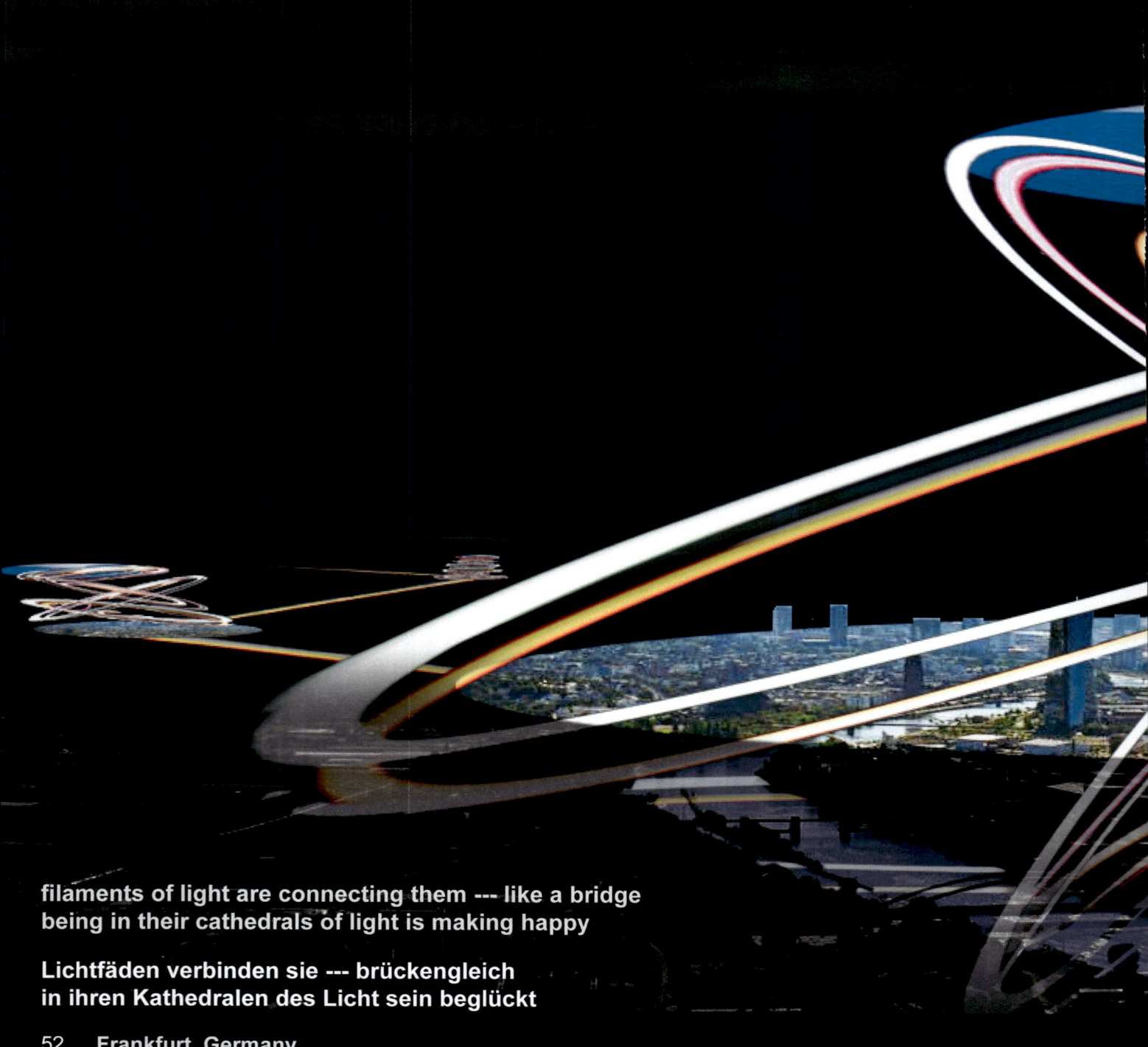

**filaments of light are connecting them --- like a bridge
being in their cathedrals of light is making happy**

**Lichtfäden verbinden sie --- brückengleich
in ihren Kathedralen des Licht sein beglückt**

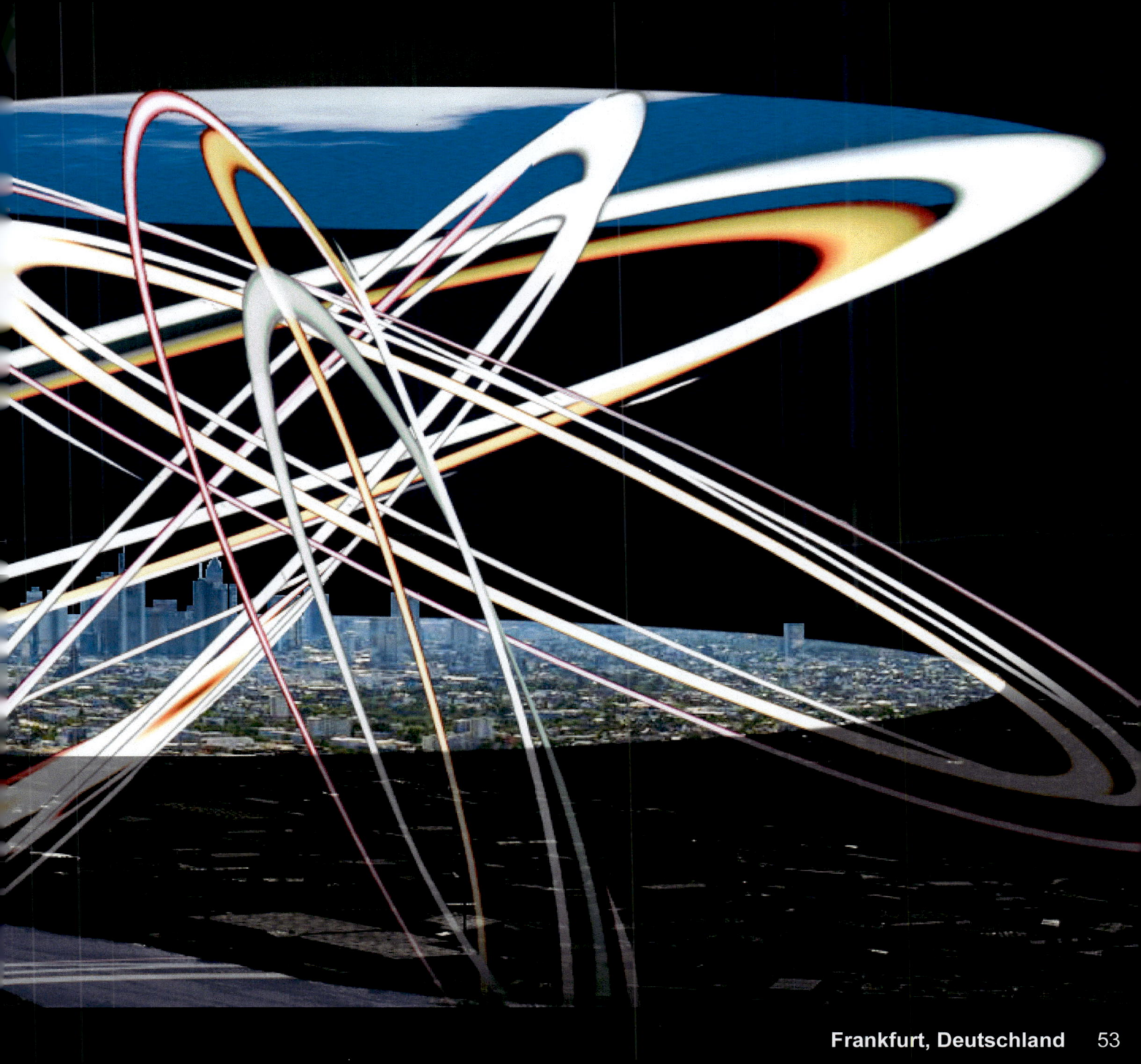

**Frankfurt, Deutschland**

**RAUM**
sucht **LICHT !**
schreit
*Licht ich komm, geh auf dir entlang !*

**SPACE**
searching for **LIGHT !**
yelling
*light I come – will walk on you !*

54  Haus der Kulturen der Welt, Berlin

Haus der Kulturen der Welt, Berlin

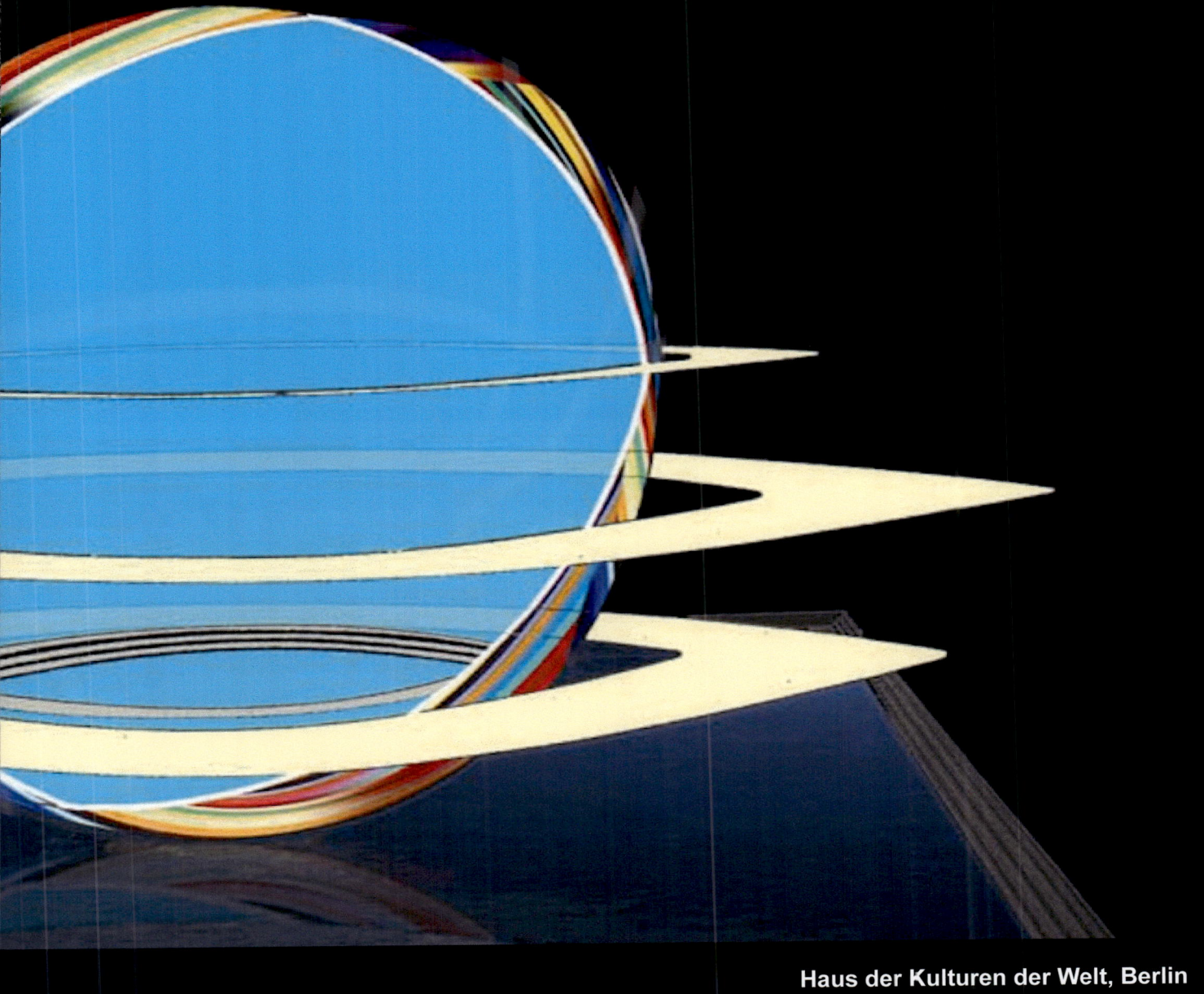

**Haus der Kulturen der Welt, Berlin**

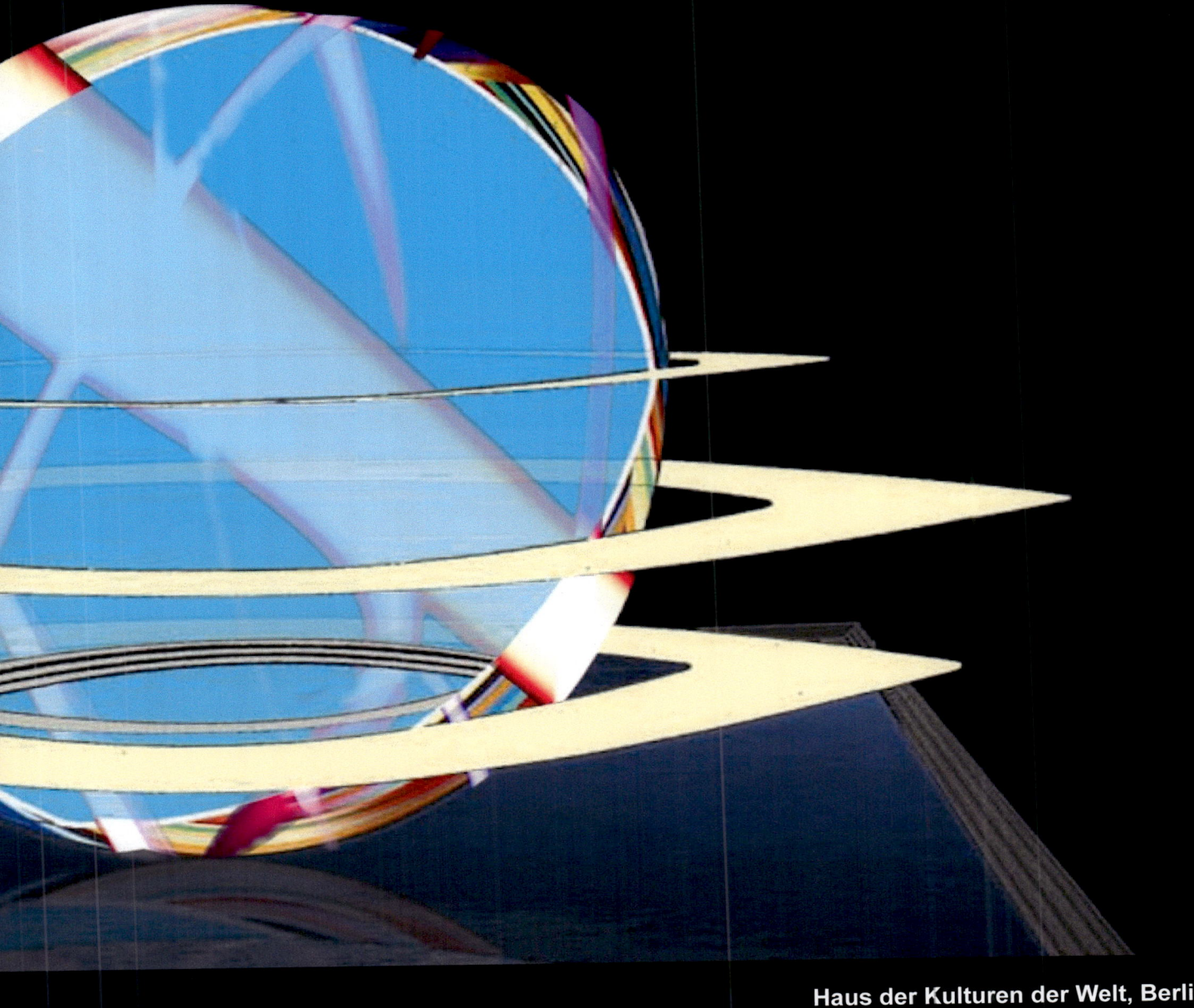

**Fliegende Labyrinthe
werden eins mit uns
ob wir weinen oder lachen !**

flying labyrinths
are one with us
whether we weap or laugh !

Haus der Kulturen der Welt, Berlin

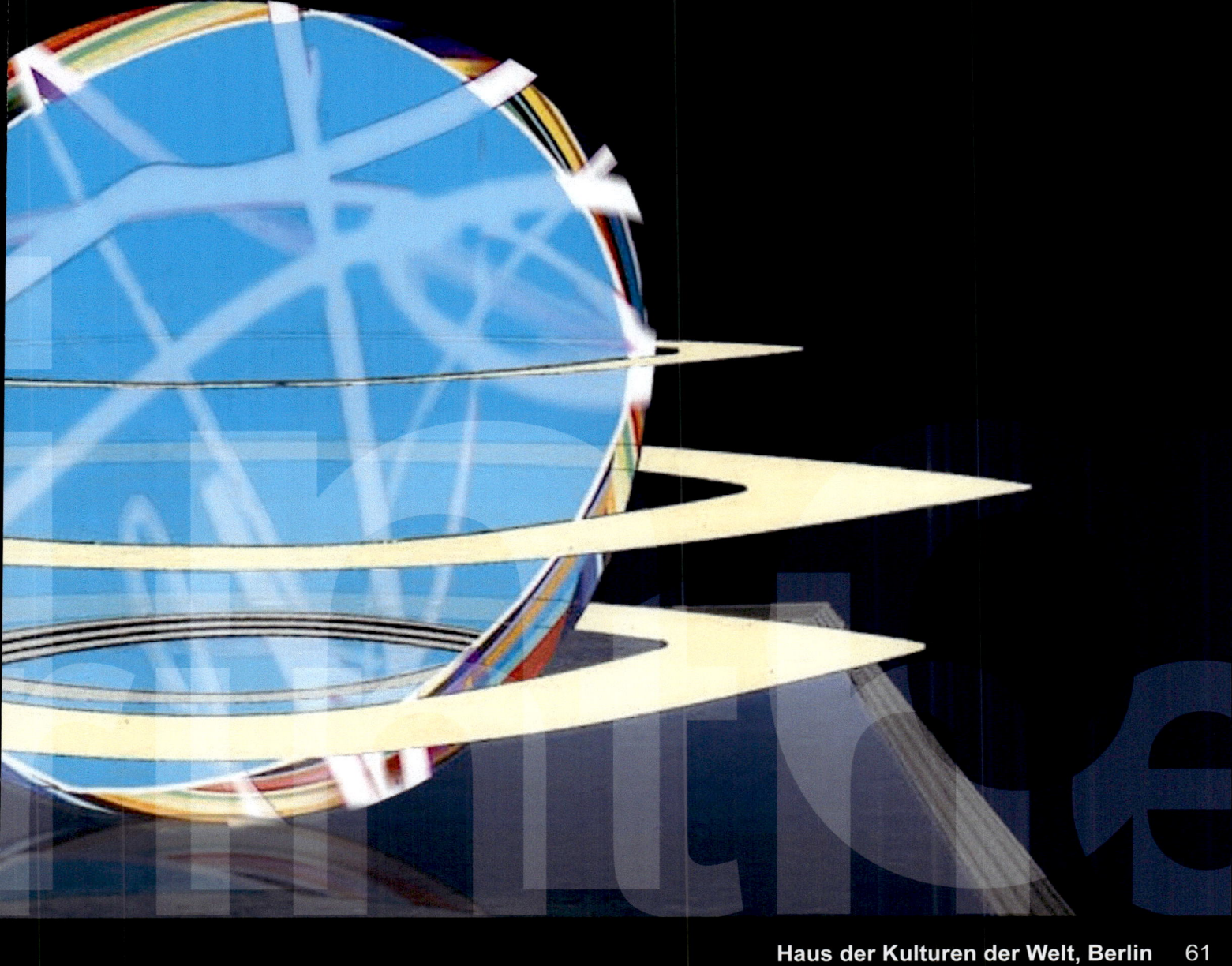

Haus der Kulturen der Welt, Berlin 61

# Raumkristalle
## dissolving space

**space crystals
show what is unvisible
dissolving space**

**Raumkristalle
zeigen, was ist unsichtbar
und lösen Raum auf**

62   **Hurtigruten, Norway**

**Hurtigruten, Norwegen**

let oceans glow --- skies over earth
let us listen to the sound of earth – the sound of space giving birth
let us discover what is unvisible --- the fragrance of poetry !

lasst Meere leuchten --- den Himmel über Land
uns lauschen dem ErdenKlang --- dem Klang des sich gebärenden Alls
uns entdecken was unsichtbar --- duften Poesie !

# universe

## tanzen

light
dances the darkness of the universe

Licht
tanzt die Finsternis des Alls

70    Japan, Mount Fuji, Katsushika Hokusai

Japan, Fujiyama, Katsushika Hokusai

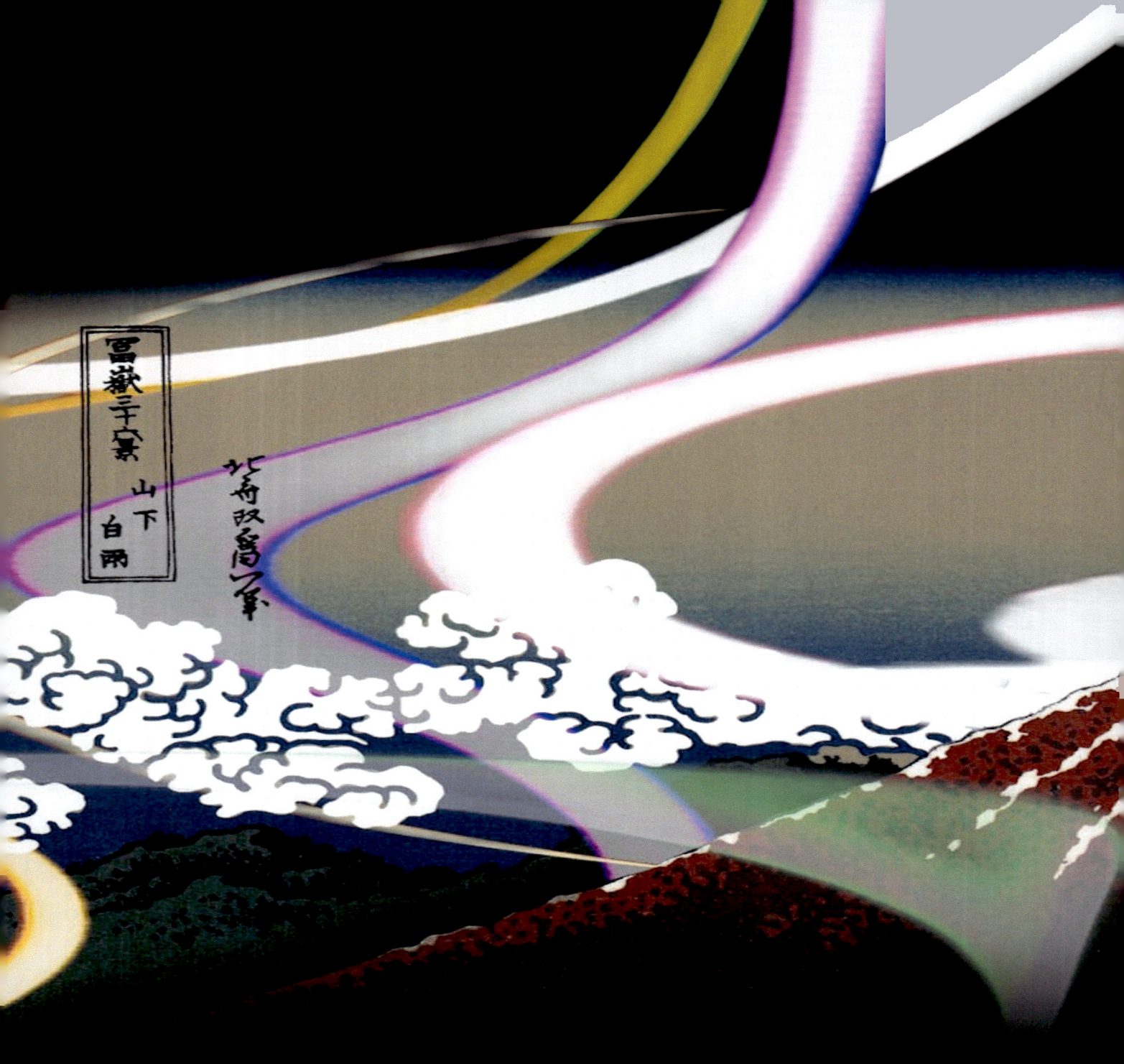

the city of Light
lays on a hill within a vast valley
once flames blazed around the hill

die Stadt des Lichts
liegt auf einem Hügel in weitem Tal
einst loderten Flammen um sie herum

Japan, Fujiyama, Katsushika Hokusai

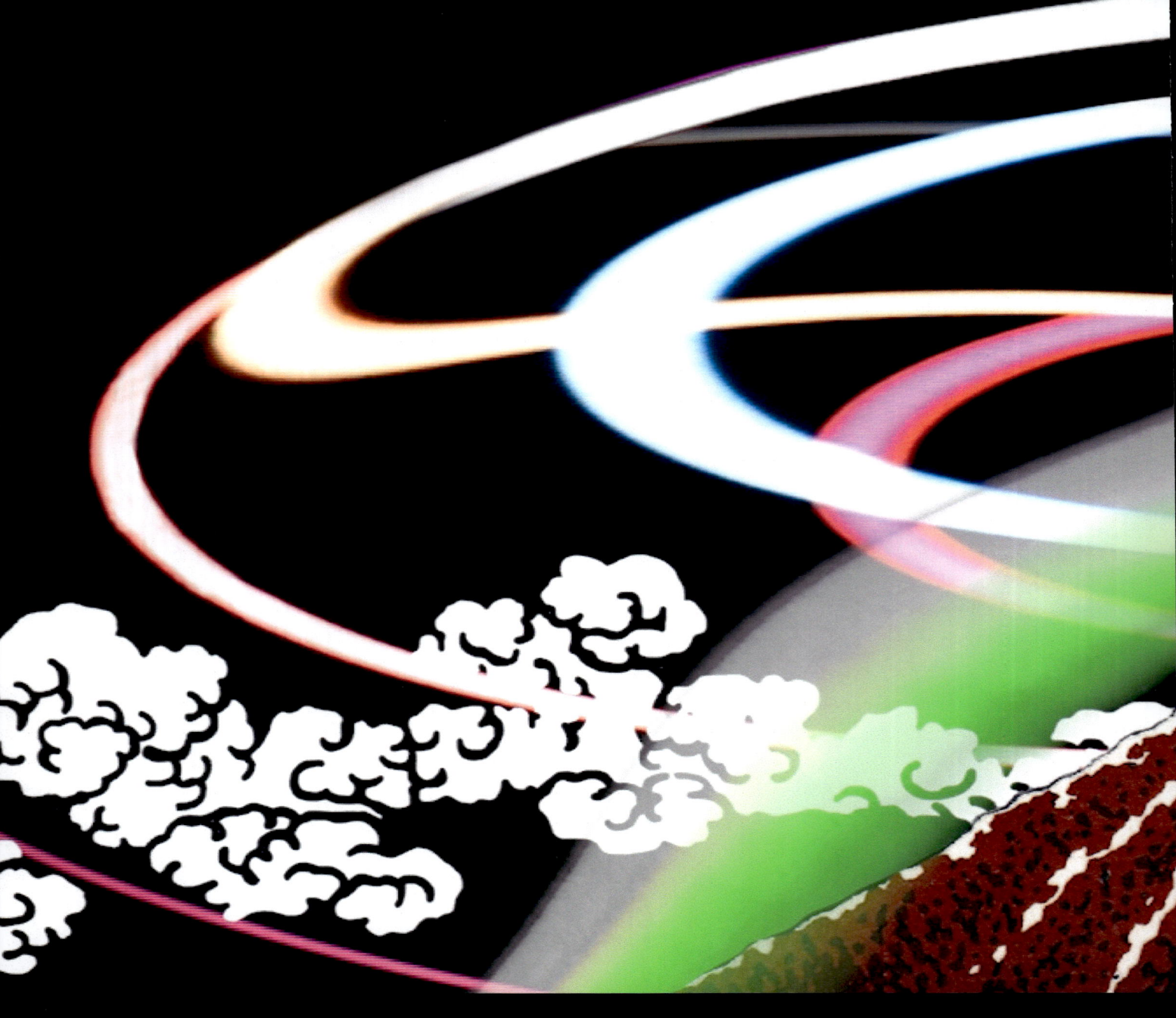

Japan, Mount Fuji, Katsushika Hokusai

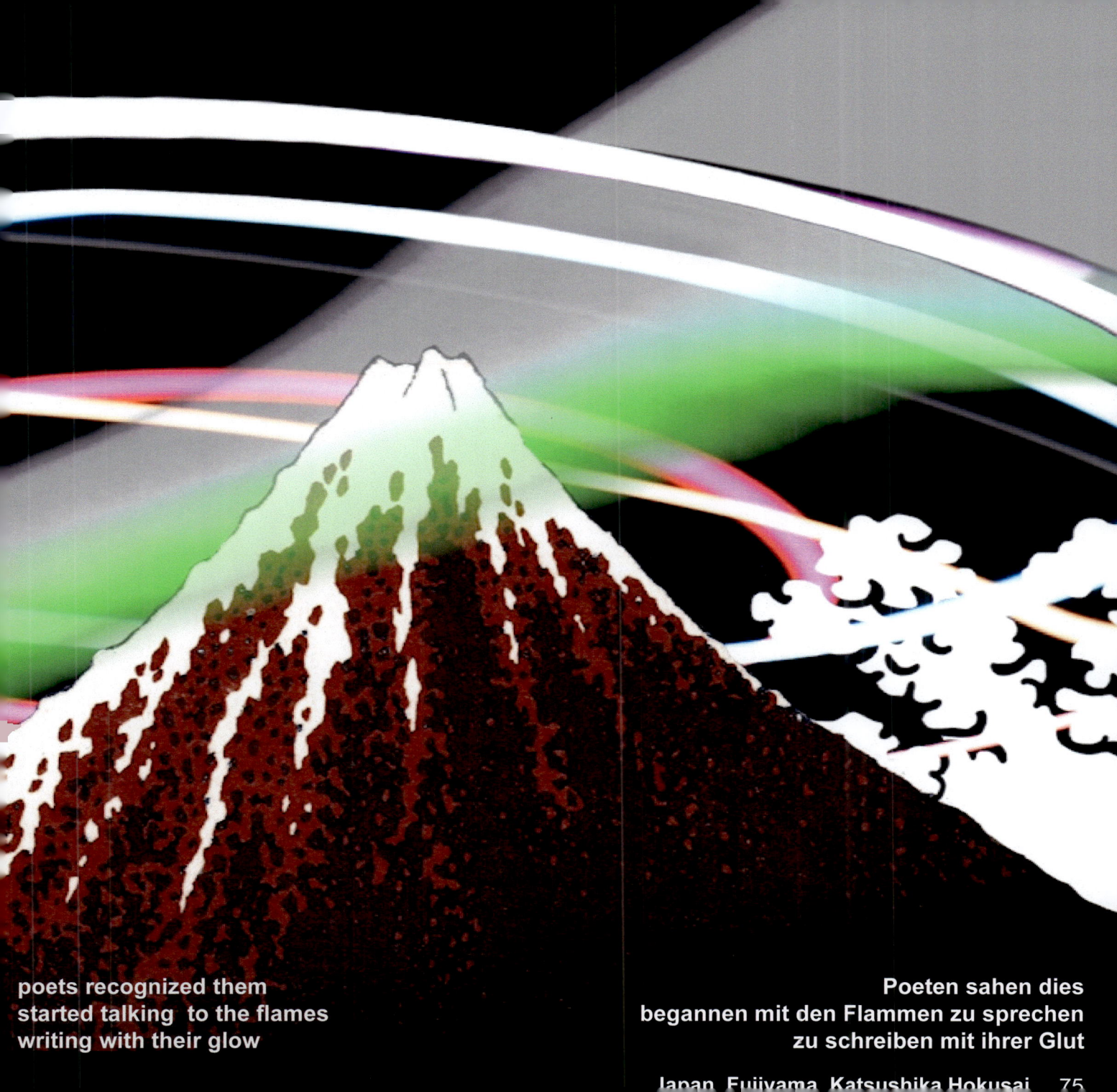

poets recognized them
started talking  to the flames
writing with their glow

Poeten sahen dies
begannen mit den Flammen zu sprechen
zu schreiben mit ihrer Glut

Japan, Fujiyama, Katsushika Hokusai

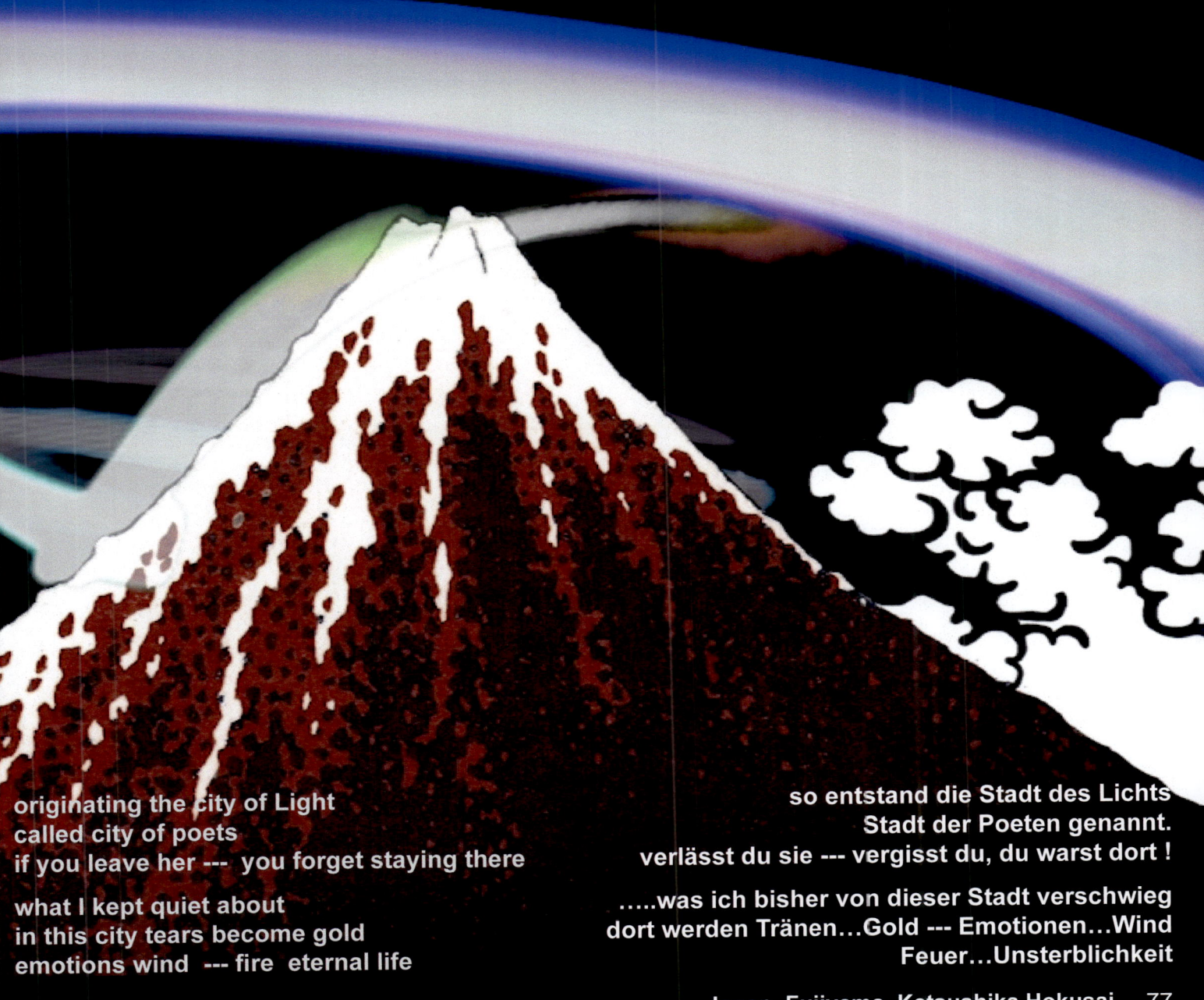

originating the city of Light
called city of poets
if you leave her --- you forget staying there

what I kept quiet about
in this city tears become gold
emotions wind --- fire eternal life

so entstand die Stadt des Lichts
Stadt der Poeten genannt.
verlässt du sie --- vergisst du, du warst dort !

…..was ich bisher von dieser Stadt verschwieg
dort werden Tränen…Gold --- Emotionen…Wind
Feuer…Unsterblichkeit

Japan, Fujiyama, Katsushika Hokusai

**light discs**
emerge out of nothingness --- passing by

**Lichtscheiben**
tauchen auf aus dem Nichts und vergehen

78   European Central Bank, Frankfurt

European Central Bank, Frankfurt

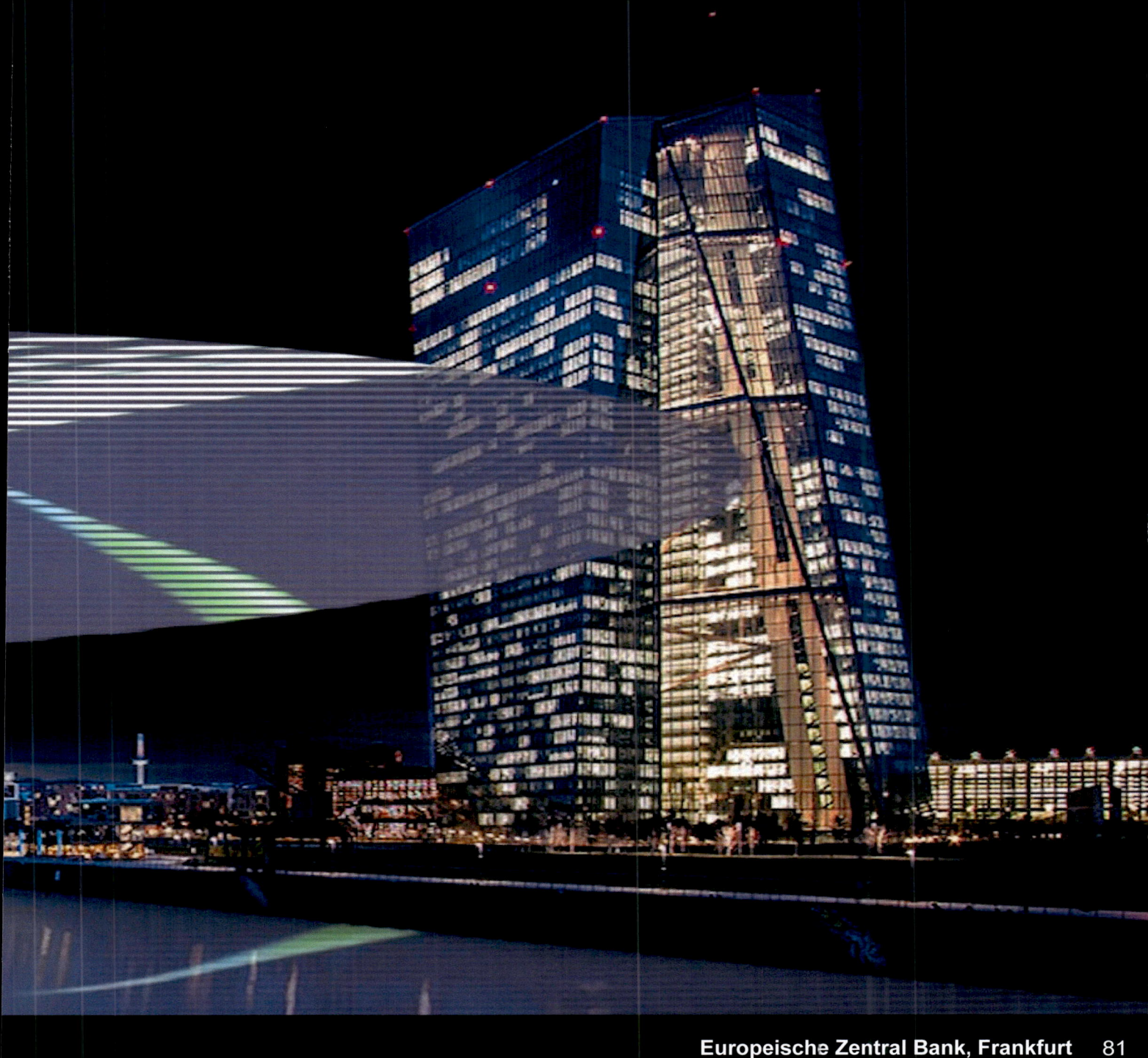

light is everywhere
standing, laying, flying, embracing
giving birth to fires of joy
hoovering, bridging along river Main

European Central Bank, Frankfurt

**LICHT ist überall
steht, liegt, fliegt, umarmt
gebiert FreudenFeuer
schwebt-brückt am Main entlang**

Europeische Zentral Bank, Frankfurt

looking from afar it is glowing towards you
dancing and snuggling
opening spaces --- where no words exist
its fragrance is the sound of light !

von Fern' leuchtet es dir entgegen
es tanzt mit dir --- schmiegt sich an
verrückt --- dorthin wo es keine Wort gibt
sein Duft ist LichtWeltenKlang !

Europeische Zentral Bank, Frankfurt

if light is sound
what an ecstasy of joy !
what an overflowing bliss and happiness!

wäre ihr Licht Klang
welch' Ekstase!
welch' Überfliessendes Glück regnet herab!

86   **Burj Khalifa, Dubai**

e ihr Licht Klang

gurgelnde Himmelsscheiben

light

schweben weit über

alle Nebel hinaus

wäre ihr Licht Klang

welch' Ekstase !

welch' Überfliessendes

Glück regnet herab !

**Burj Khalifa, Dubai**

the city of Rainbow Tears is next door
those who founded this place, are unknown
she iis existing from time immemorial
a refuge for all who realize love fails

you find here lamenting --- instead of chanting
anger instead of poerty
helplessness predominated by yelling
there is no fun --- the earth is crying !

die Stadt der Regenbogentränen ist gleich nebenan
wer sie gründete, weiß niemand mehr
sie ist seit Urzeiten da
Zuflucht für alle, die sehen Liebe untergehen

Jammern ist hier zuhaus  --- statt Gesang
Wut statt wohl klingende Wort'
Ohnmacht wird übertönt durch Geschrei
lustig ist es hier nicht --- die Erde weint !

Burj Khalifa, Dubai

but her tears heal
pile dancing up
blooming in red --- in gold
silver-diamond-blue

what is the power of all these tears ?
if you are full of sorrow
look at the dancing rainbow-tears
changing grief to joy and happiness !

doch der Erde Tränen heilen
türmen sich tanzend übereinand'
blühen mal rot --- mal gold
Silber-Diamanten-Blau

was ist ihre Kraft ?
auch wenn du bist voll Leid
sieh die tanzenden Regenbogen-Trän'
sie wandeln Leid in LiebesGlück !

Burj Khalifa, Dubai

Burj Khalifa, Dubai

If you look for the Eternal City
you will not find her -- she is unvisible for you
you can only feel her rainbow light

suchst du die Ewige Stadt
findest du sie nicht -- unsichtbar ist sie für dich
fühlen kannst du nur ihr Regenbogenlicht

Boudhanath Stupa, Kathmandu

Boudhanath Stupa, Kathmandu

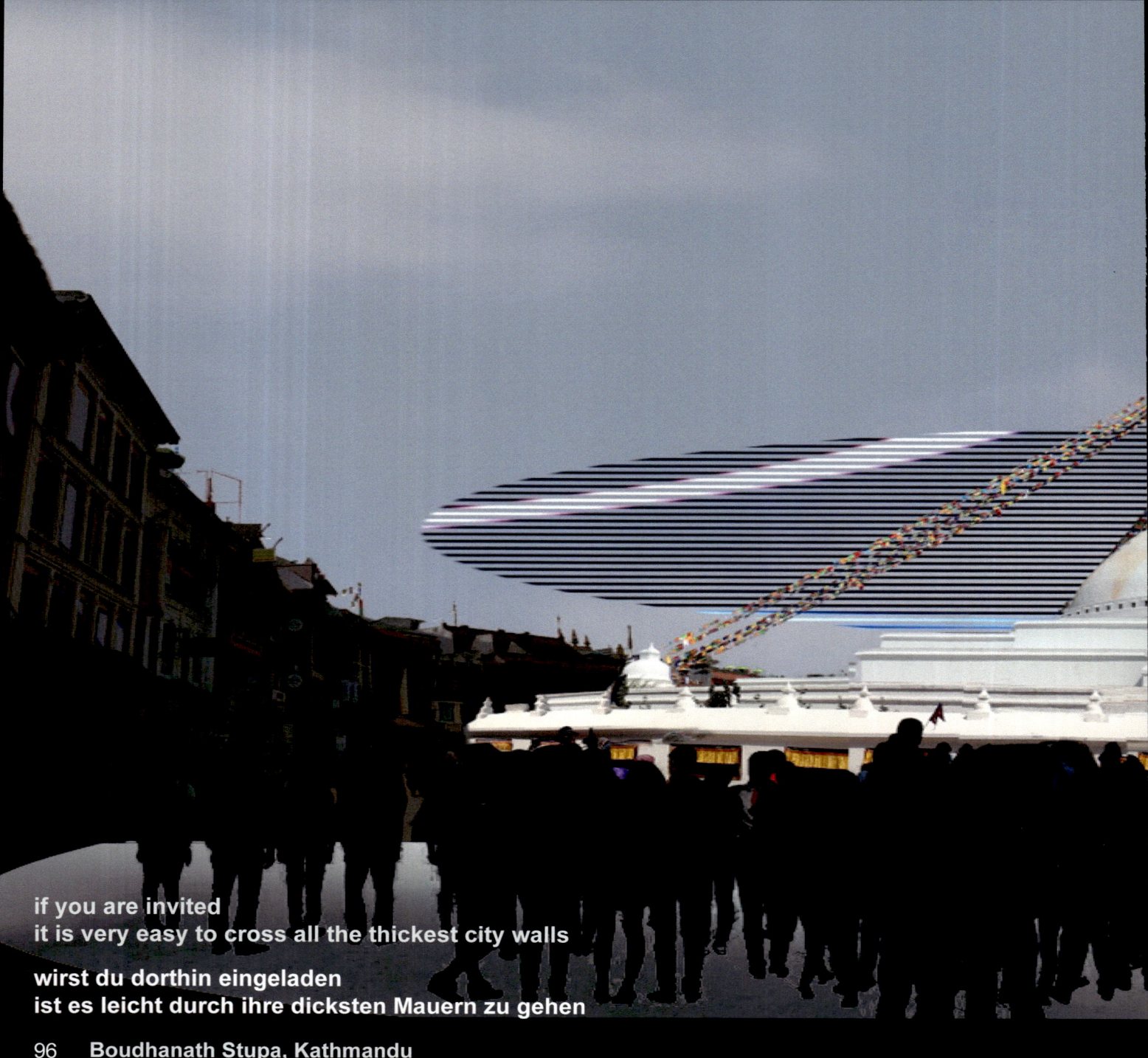

if you are invited
it is very easy to cross all the thickest city walls

**wirst du dorthin eingeladen
ist es leicht durch ihre dicksten Mauern zu gehen**

those who are under the spell of lightnings
explore magnetized the magic
bubbling in every heart

wer in den Bann der Blitze gerät
erkundet gebannt ihre Magie,
die sprudelt in jedem Herz

98  Boudhanath Stupa, Kathmandu

Boudhanath Stupa, Kathmandu

........ *N O W !*
is their first and last word
why this city is called Eternal City --- is unkown

.........*J E T Z T !*
ist ihr erstes und letztes Wort
warum die Stadt ewig ist genannt --- ist unbekannt !

100  Boudhanath Stupa, Kathmandu

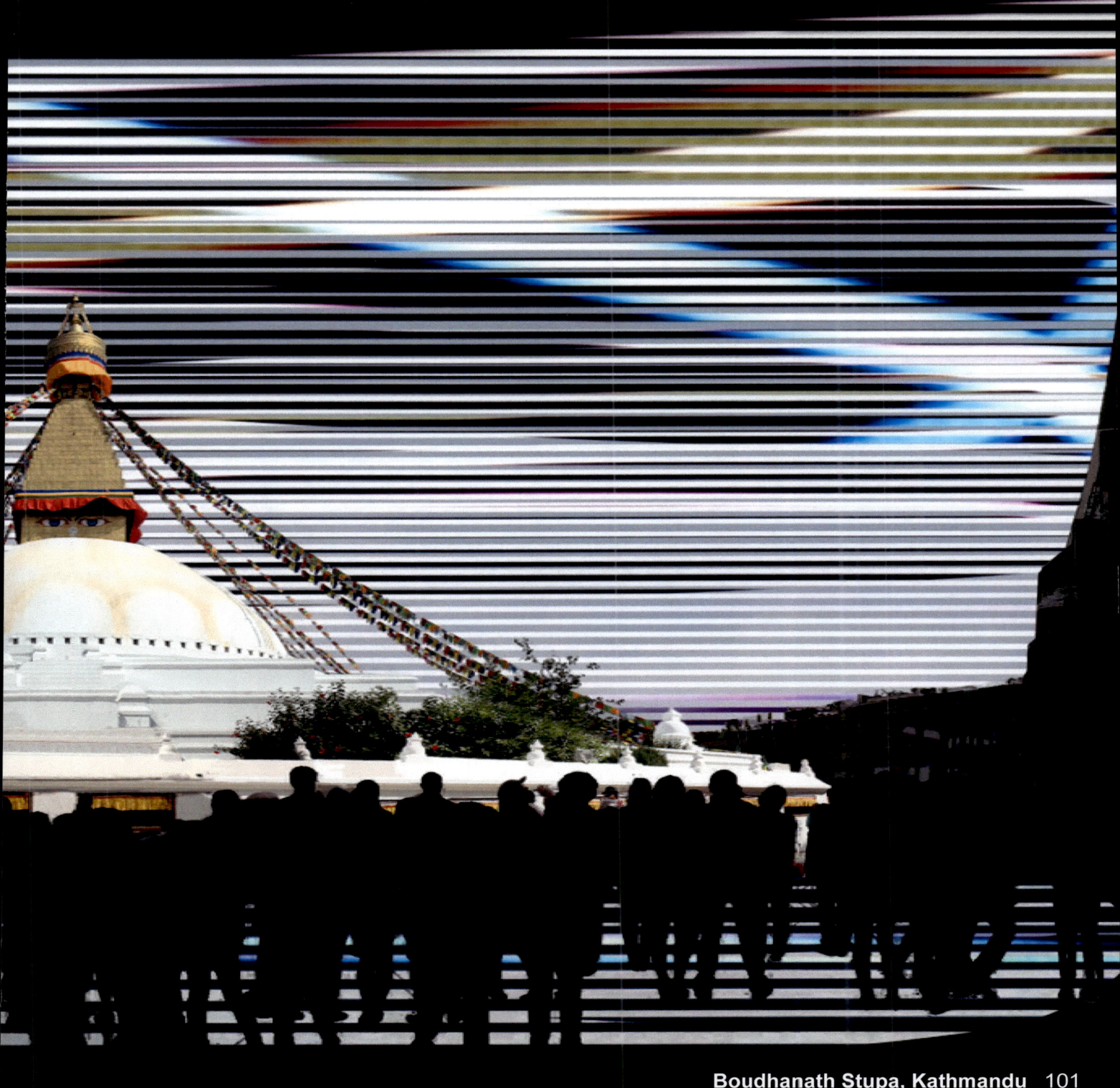
Boudhanath Stupa, Kathmandu

102  **European Central Bank, Frankfurt**

**crystal lightnings
give birth to light lines, tents and walls
beauty is their ambition --- being light at all places in the universe**

**BlitzKristalle
gebären Linien, Wände, Zelte aus Licht
Schönheit ist ihr Ziel --- Licht-Sein an allen Orten im All**

**Europeische Zentral Bank, Frankfurt** 103

the city of Good-For-Nothings is everywhere
her citizens love to live
not interested in ambition and politics
                              going through their streets
          you will meet them sitting infront of their houses
    playing with their children, the sun and the wind --- stay with them !

104   European Central Bank, Frankfurt

die Stadt der Taugenichtse findest du überall
ihre Bewohner lieben zu leben
große Ziele + Politik interessieren sie nicht

gehst du durch ihre Straßen
triffst du sie sitzend vor ihren Häusern
spielend mit ihren Kindern + Sonne + Wind --- bleibe dort !

Europeische Zentral Bank, Frankfurt

the big, wide world is contemning them
but eagerly looking secretly --- to chase them away
not to be remembered to what is missing in their life

living with them --- you are in luck
heards open up
and you will be part of an never ending festival of life

**European Central Bank, Frankfurt**

DieGroßenDerWelt verschmähen sie --- doch schauen heimlich zu
am liebsten würden sie sie verjagen
damit sie nicht erinnert werden, dass ihnen etwas fehlt !

lebst du mit ihnen
leuchtet dir alles entgegen
Herzen öffnen sich dir - das Fest des Lebens lebt

where their wealth and prosperity come from is unknown
luck is on their side
it is waking up with them every morning

you only will leave the city --- if you need to be acknowledged
by a medal or two --- a certificate or a trophy to decorate your home
in this case flee, not to be doomed --- if you stay there

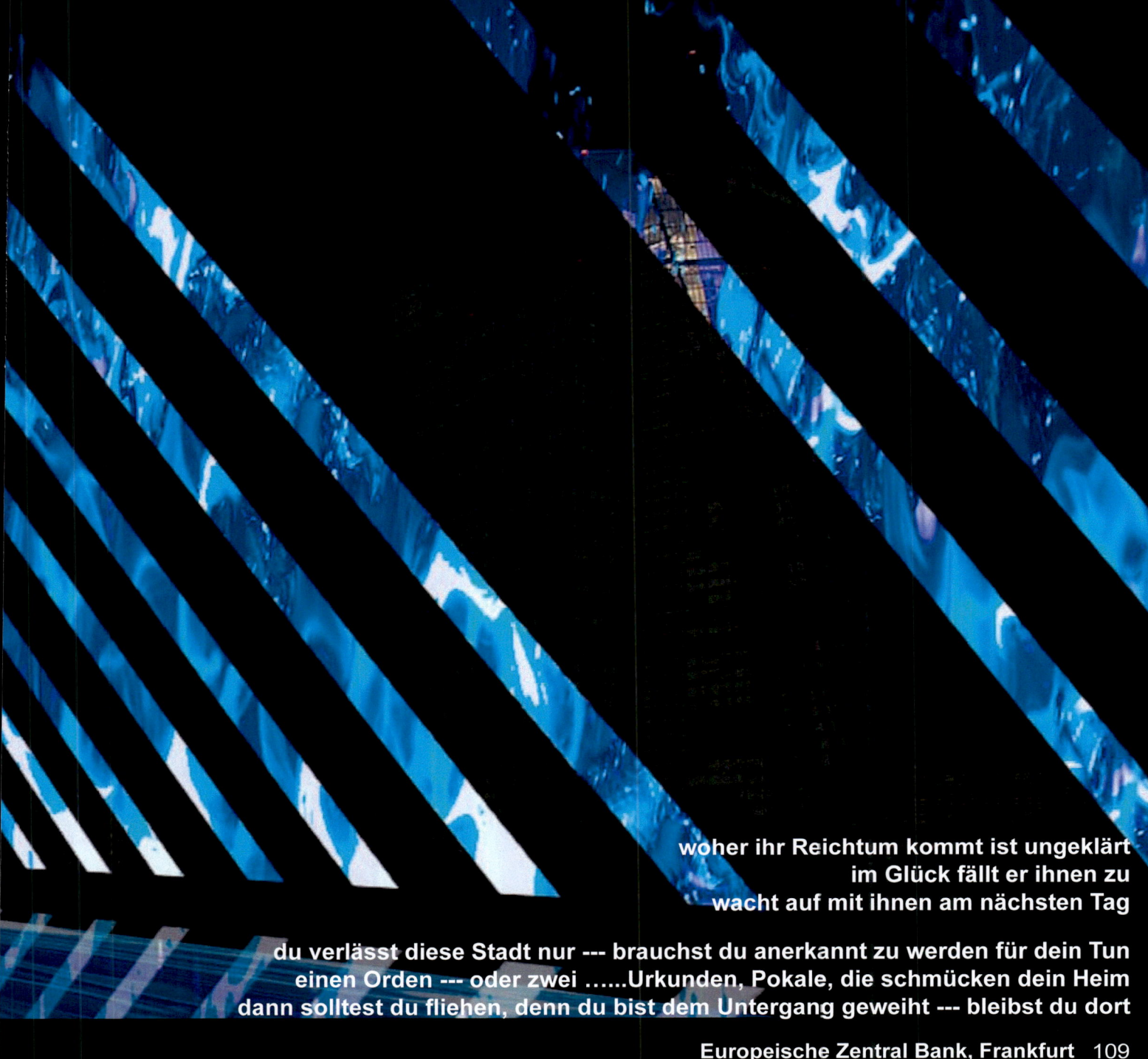

woher ihr Reichtum kommt ist ungeklärt
im Glück fällt er ihnen zu
wacht auf mit ihnen am nächsten Tag

du verlässt diese Stadt nur --- brauchst du anerkannt zu werden für dein Tun
einen Orden --- oder zwei ......Urkunden, Pokale, die schmücken dein Heim
dann solltest du fliehen, denn du bist dem Untergang geweiht --- bleibst du dort

Europeische Zentral Bank, Frankfurt

**darkness
gives birth to light cubes**

# Nichts

**Finsternis
gebärt Kuben aus Licht**

Guilin, China

Guilin, China 11

Guilin, China

114 **Guilin, China**

are there sounds
which are able to glow in many voices
creating light in everybody ?

an earth sound
light --- dancing around everybody ?

Guilin, China

gibt es Klänge
die vermögen zu leuchten in vielen Stimmen
auf das Licht entsteht in jedem ?

einen Erdenklang
Licht --- das tanzt um jeden herum ?

Guilin, China

Hong Kong, China

Hong Kong, China

wäre der Rauch des Feuers --- mein Atem
das Feuer --- mein Herz
sähe mich jeder --- so wie ich bin

es gäbe nichts zu verbergen
den jeder kennt Feuer --- seine ungezügelte Kraft
wie seine Wärm' --- die lädt ein

if you go back in time --- you enter the city of Fire Blossoms
laying right beyond the horizon --- along the river of the universe
glittering in rose-red, jasmine-yellow-gold, flower-blue
giving birth to the sound and fragrance of undiscovered and unseen light !


gehst du zurück in der Zeit --- kommst du in der Stadt der Feuerblüten an
sie liegt kurz hinter dem Horizont --- am Fluss des Alls entlang
funkelt RosaRot JasminGold BlumenBlau
Unentdecktes und Unsichtbares ist ihr Gesang --- LichtWeltenKlang !

Forbidden City, Beijing, China

# nFluss
## LichtWeltenKlang

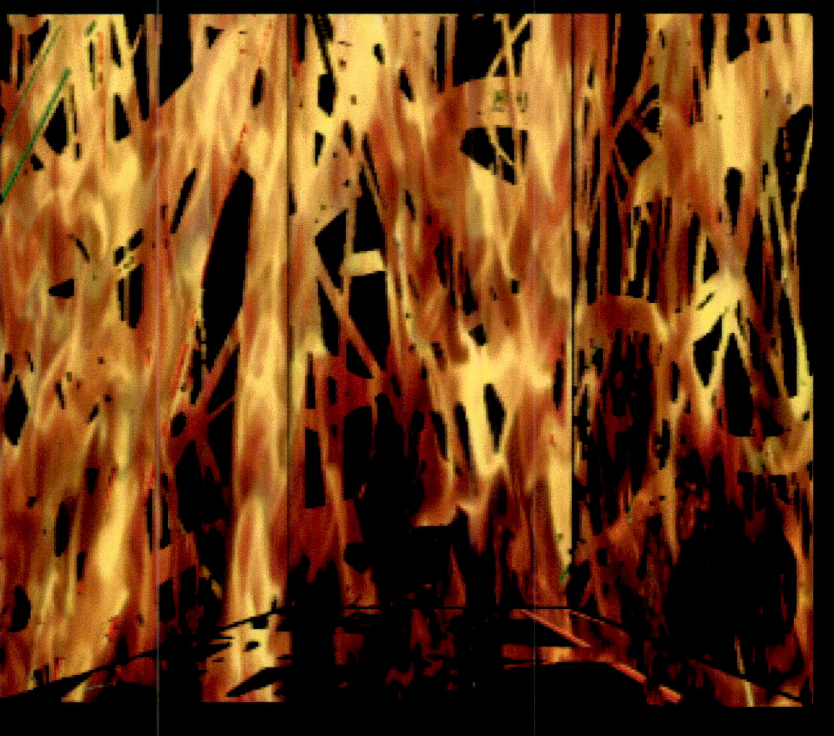

**Verbotene Stadt, Peking , China**

128  Forbidden City, Beijing, China

Verbotene Stadt, Peking, China

den Duft der Stadt der FeuerBlüten spürst du von weitem
er sprudelt in der Luft

Verbotene Stadt, Peking , China

läufst du durch die Stadt --- triffst du kaum einen Mensch'
sie fliehen --- ob der Wunder, die sie sehen --- sind ohne Wort
so bleibt die Kunde über diese Stadt --- verborgen
die Stadt der FeuerBlüten bis heute unentdeckt !

**Verbotene Stadt, Peking , China**

have you ever seen lightnings
liberated --- being earth and the skies at the same time ?


hast du schon einmal Blitze gesehen
die tanzen befreit --- sind Erd' und Himmel zugleich ?

134 Hauptwache Plaza, Frankfurt

Hauptwache Frankfurt

Hauptwache Plaza, Frankfurt

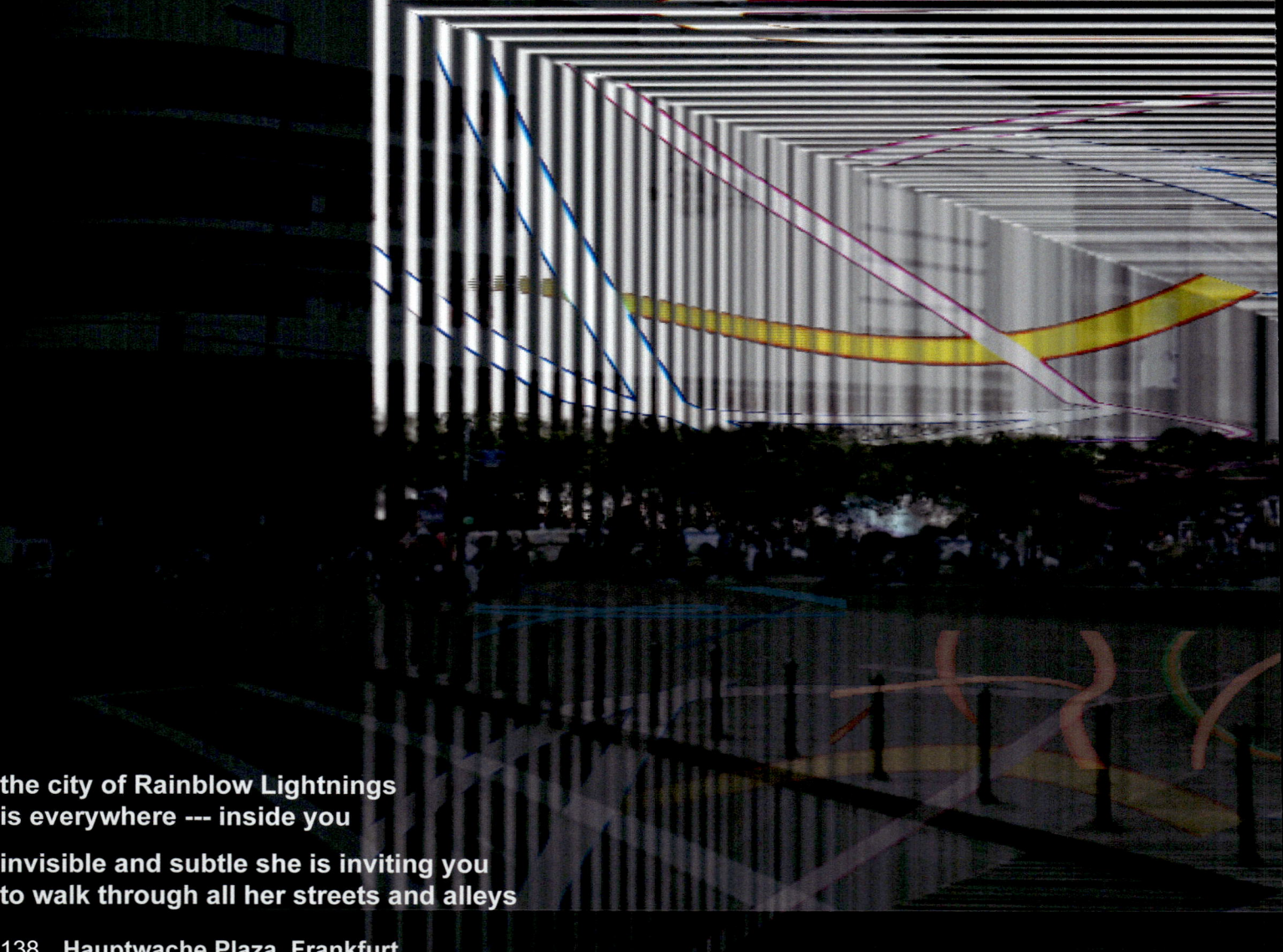

the city of Rainblow Lightnings
is everywhere --- inside you

invisible and subtle she is inviting you
to walk through all her streets and alleys

138   Hauptwache Plaza, Frankfurt

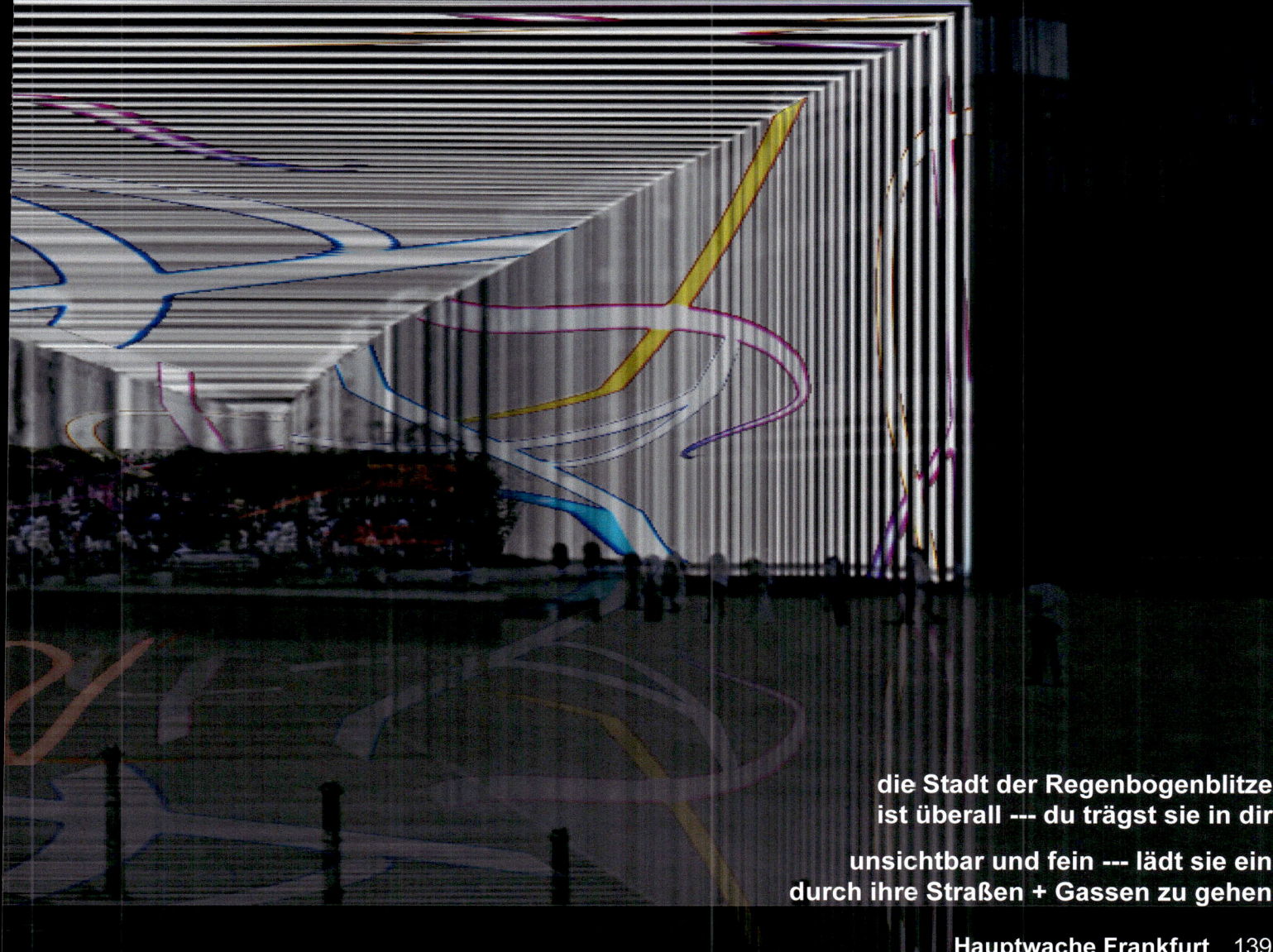

die Stadt der Regenbogenblitze
ist überall --- du trägst sie in dir

unsichtbar und fein --- lädt sie ein
durch ihre Straßen + Gassen zu gehen

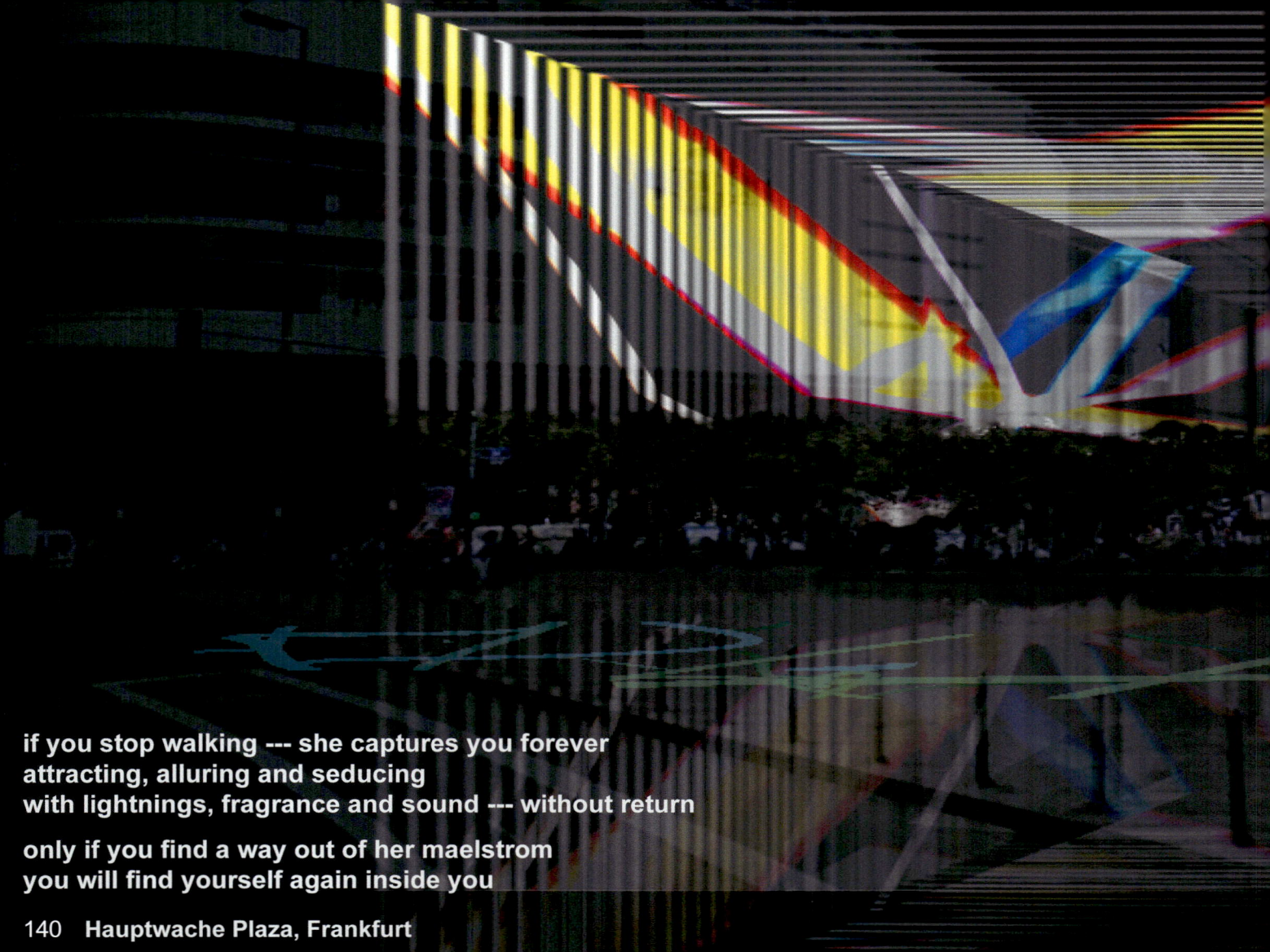

if you stop walking --- she captures you forever
attracting, alluring and seducing
with lightnings, fragrance and sound --- without return

only if you find a way out of her maelstrom
you will find yourself again inside you

Hauptwache Plaza, Frankfurt

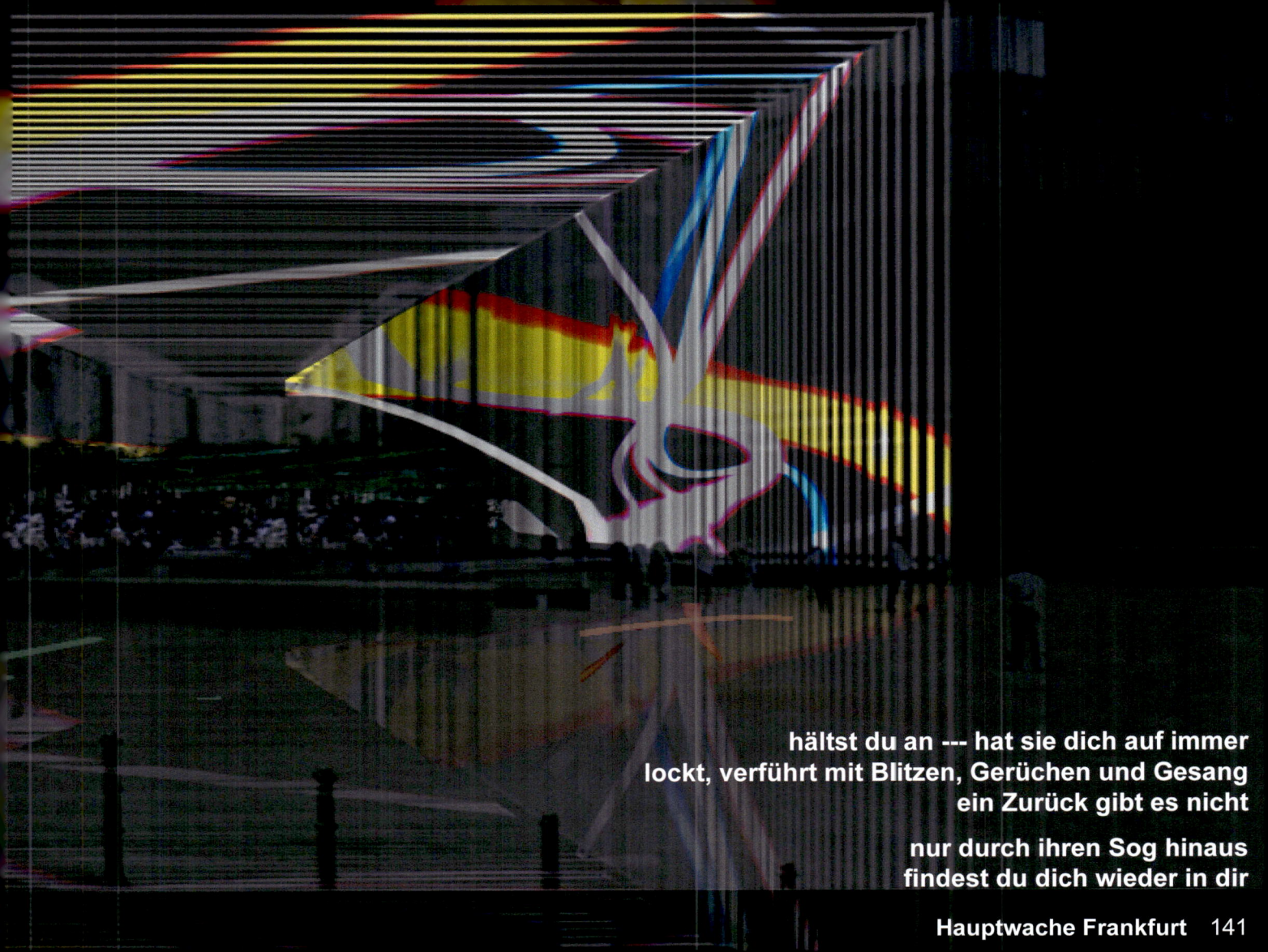

hältst du an --- hat sie dich auf immer
lockt, verführt mit Blitzen, Gerüchen und Gesang
ein Zurück gibt es nicht

nur durch ihren Sog hinaus
findest du dich wieder in dir

Hauptwache Frankfurt

light was wandering with the wind - both looking for everlasting joy and happiness
recognizing - being just a momentum in the fleeing here and now
in this moment light has released - and the wind spreaded their light all over the world
so --- what we see today - is their longing to everlast in full bloom

**Licht wanderte mit dem Wind - auf der Suche nach Ewigem Glück
nach langer Suche erkannten sie - wir sind ein Moment im fliehenden Jetzt
da blitzte das Licht erlöst auf - und der Wind trug die Blitze in alle Welt
so ist das, was wir heute sehen - ihrer beider Sehnsucht in voller Blüte ewig zu bestehen**

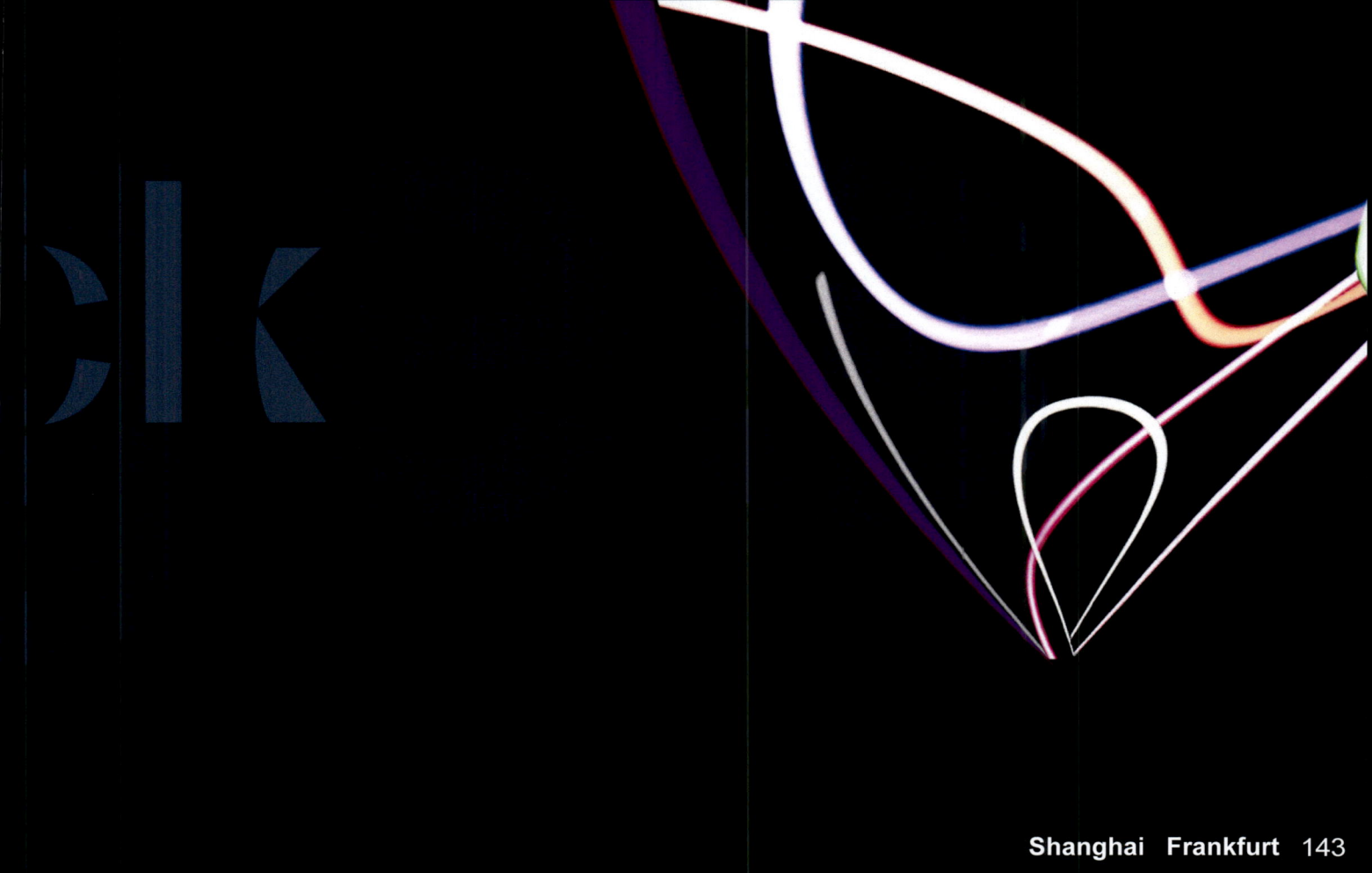

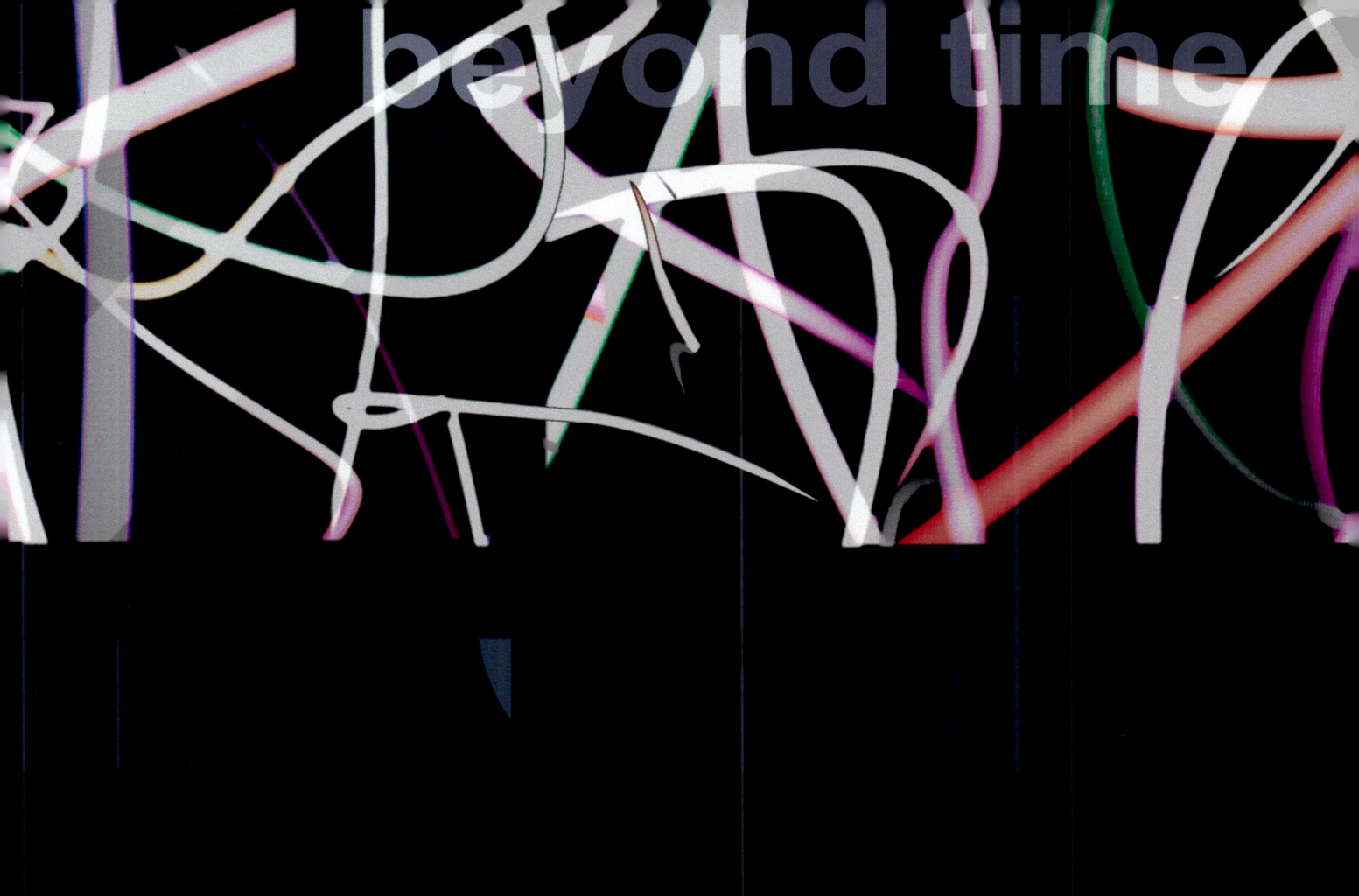

light–people are on their own
every word that comes through their mind is
LIGHT --- for all sentient beings

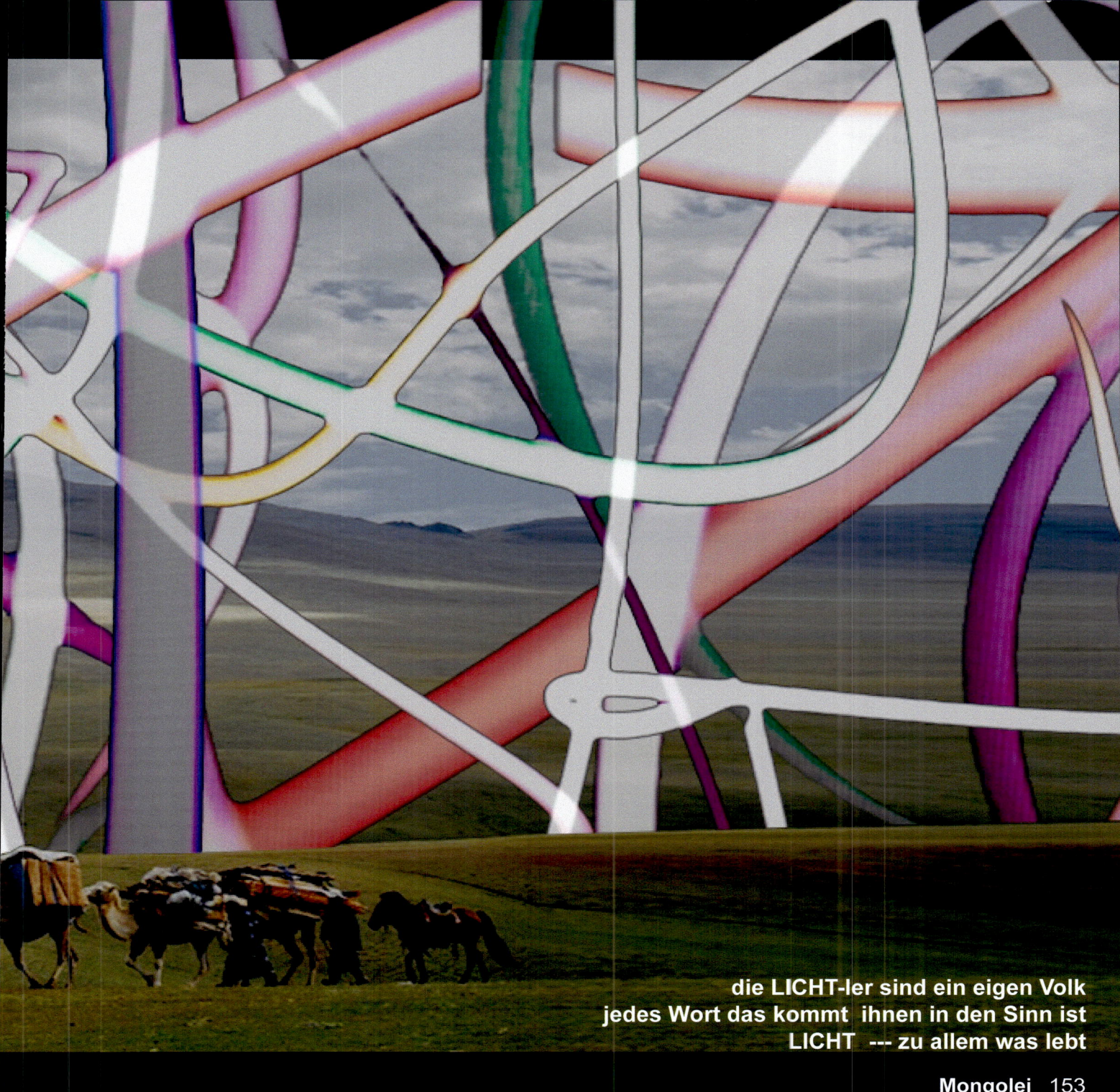

die LICHT-ler sind ein eigen Volk
jedes Wort das kommt ihnen in den Sinn ist
LICHT --- zu allem was lebt

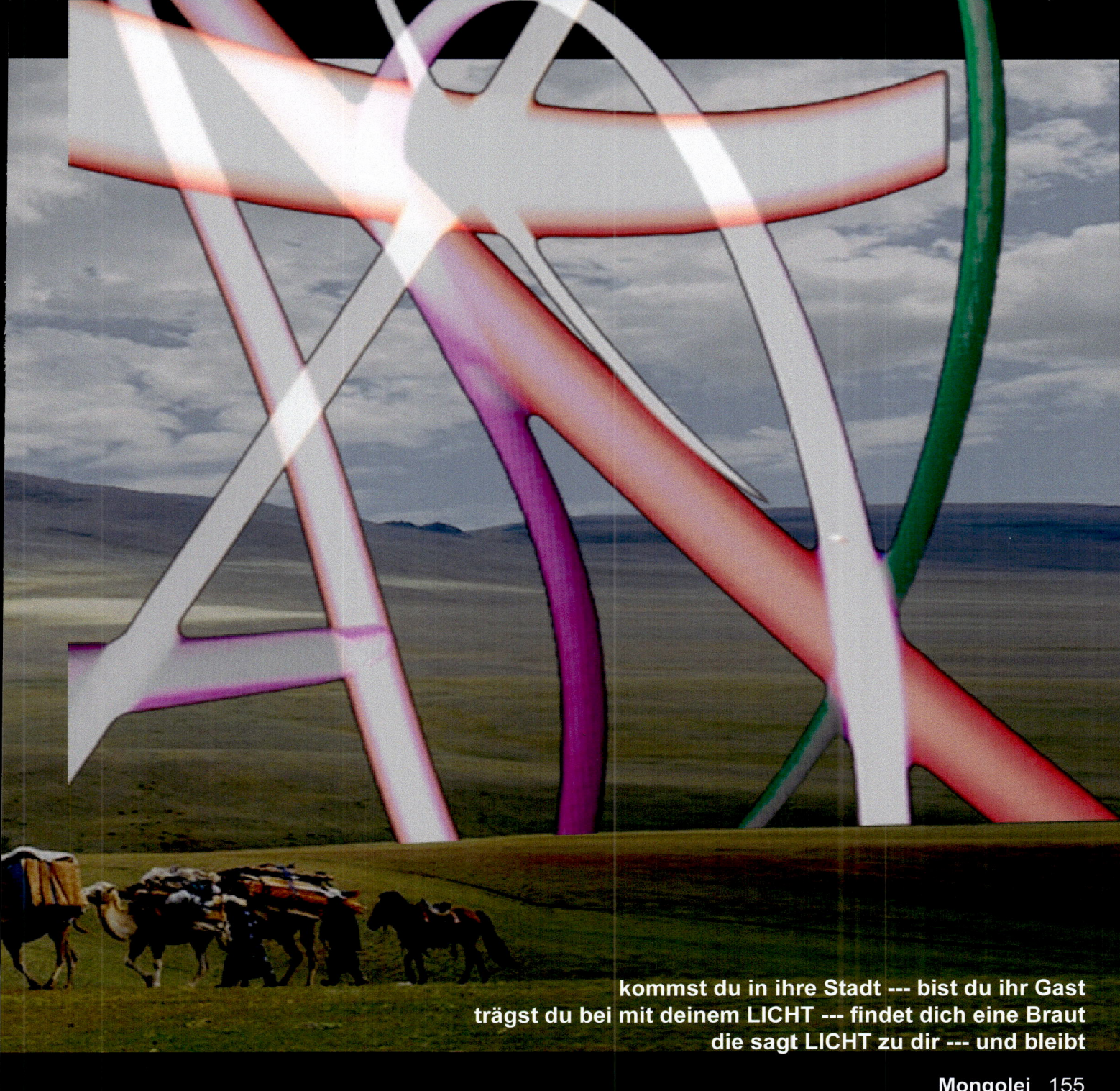

kommst du in ihre Stadt --- bist du ihr Gast
trägst du bei mit deinem LICHT --- findet dich eine Braut
die sagt LICHT zu dir --- und bleibt

even sun and moon are bowing to them
disrupting the course of the stars
renewing their light

the same with dark power it surrenders
saying LIGHT to all phenomena

light–people are on their own --- full of inspiring energy !
what a joy --- being light with all of them

selbst Sonne und Mond verbeugen sich vor ihnen
bringen den Lauf der Gestirne durcheinand'
auf das ihr LICHT wird neu geboren

auch die Dunkle Macht gibt sich geschlagen
sagt LICHT zu Allem !

LICHT-ler sind ein eigen Volk --- voll Kraft --- die steckt an !
welch' Wonne ist es --- LICHT-ler zu sein !

**horizon**
**passion**

FeuerBlitz
gold
überrollt Horizont

Reben
unter ihm auf der Erd'
schauen zu ihm auf

ach' wären sie
des Blitzes Getränk
so wären sie wie er

der Blitz, erfreut von ihrer Leidenschaft
schaut gern den Trauben zu
denn sie sind nackt --- wie er  !

# Blitz/// naked

## Blitzenschaft

fire lightning
gold
overruns the horizon

wine grapes
beneath him on the earth
look up to him

oh,
could they be his juice
they would be like him

the lightning is pleased by their passion
looking down on them gladly
because they are naked --- like him !

Côte de Nuits, Frankreich

Côte de Nuits, Frankreich

Côte de Nuits, Frankreich

fragrant crystals of light
dance around mother's mark in the sea

ein Heer von Licht --- voll des Dufts
umtanzt ein Muttermal im Meer

166  Great Blue Hole, Belize

fragrant lights

**Great Blue Hole, Belize**

the city of Dancing Lights
lies on a rock island in space
from far you see her light glowing brilliantly --- competing with the sun

die Stadt des Tanzenden Lichts
liegt auf einer Felseninsel im weiten All
von weitem siehst du ihr Leuchten und ihren Glanz --- der wetteifert mit dem Licht der Sonn'

Great Blue Hole, Belize

looking at the glowing firmament and the glittering weaves of outer space you cringe for luck
participating in the seeds of life
what a paradise --- what a light !

beim Anblick des Leuchtenden Firmaments wie des Alls glitzernden Wellen erschauderst du vor Glück
der Samen des Lebens wird dir zu Teil
welch' Paradies --- welch' Licht !

Great Blue Hole, Belize 171

nothing else is needed any more --- you are fulfilled
looking at earth and space
the love growing in you !

those how will reach the city of Dancing Lights
feel hold and secure
wishing to stay there forever

es braucht nichts mehr --- erfüllt stehst du da
vom Anblick der Erde und des Alls
von der Liebe, die wächst in dir !

wer die Stadt des Tanzenden Lichts erreicht
ist geborgen in sich
und will auf immer bleiben

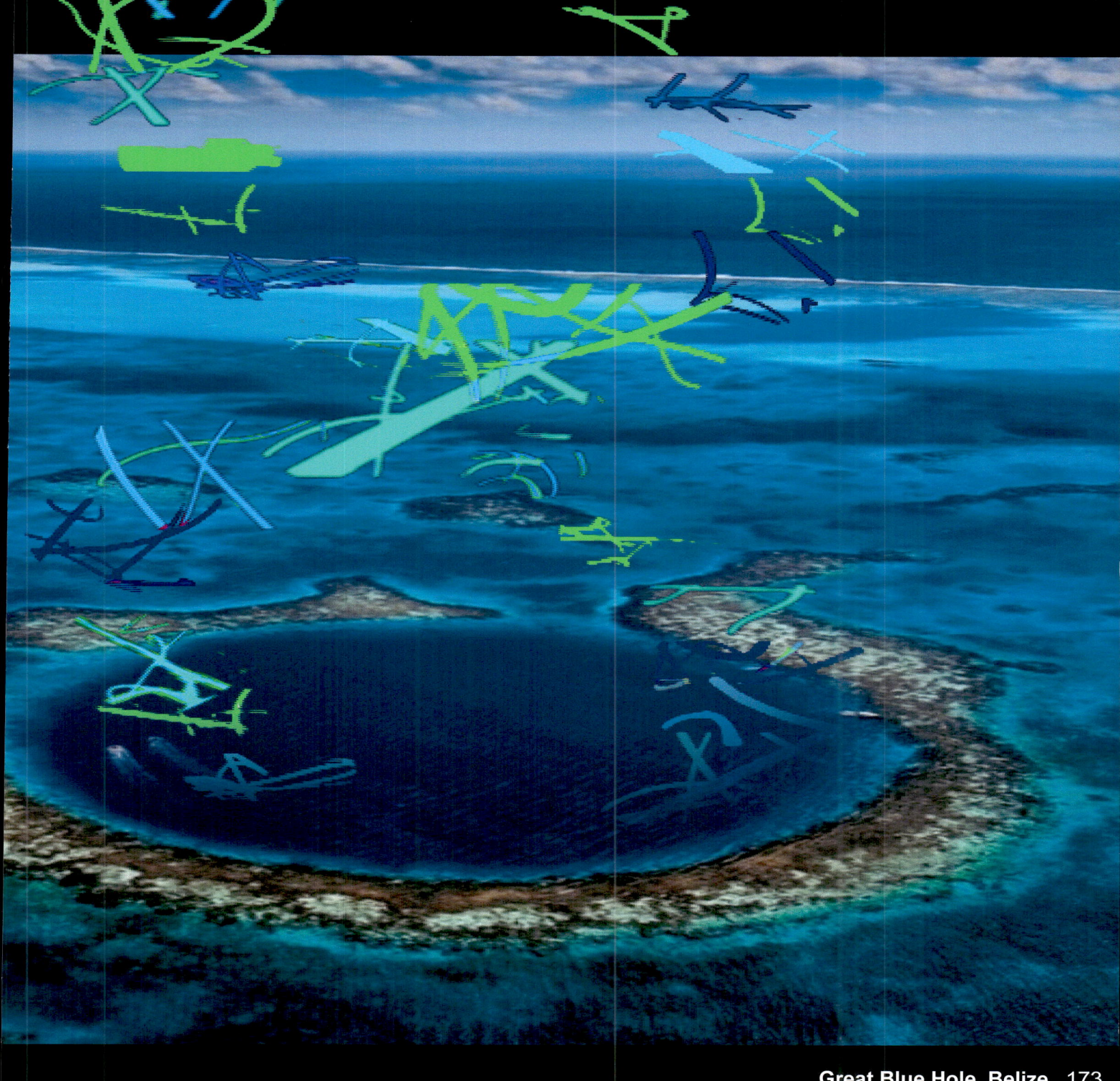

gates of heaven rain fragrant light
twisting space – expanding time
leaving nothing --- but memories


an mythologischem Ort fällt der Duft des Licht durchs Himmelstor herab
dreht Raum --- dehnt Zeit
lässt nichts zurück --- außer Erinnerungen

174   Pantheon, Rome

Pantheon, Rom 175

Pantheon, Rom

180 **DNA chains of light**

Licht DNA

if you are attracted by Undiscovered Matter
follow your impulse
mostly the paths are not straight and direct --- but bended

you do not get there
if you don't forget everything
even your being


falls es dich zieht in Unentdeckte Welten
folge deinem Impuls
zumeist ist der Weg dorthin nicht grad' --- sondern krumm

auch kommst du nie dort an
vergisst du nicht alles
selbst dein Sein


182   DNA chains of light

pay attention --- how far you go
once on the path --- there is no way out
but only the death --- if you return !

not --- that death is not waiting for you
but on your path he will appear
being part of undiscovered matter

doch gib' acht --- wie weit du gehst
einmal auf dem Weg --- gibt es kein zurück
sondern nur den Tod --- kehrst du um !

nicht das der Tod nicht wartet auf dich
auf dem Weg taucht er auf
ist Teil der Unentdeckten Welt

DNA chains of light

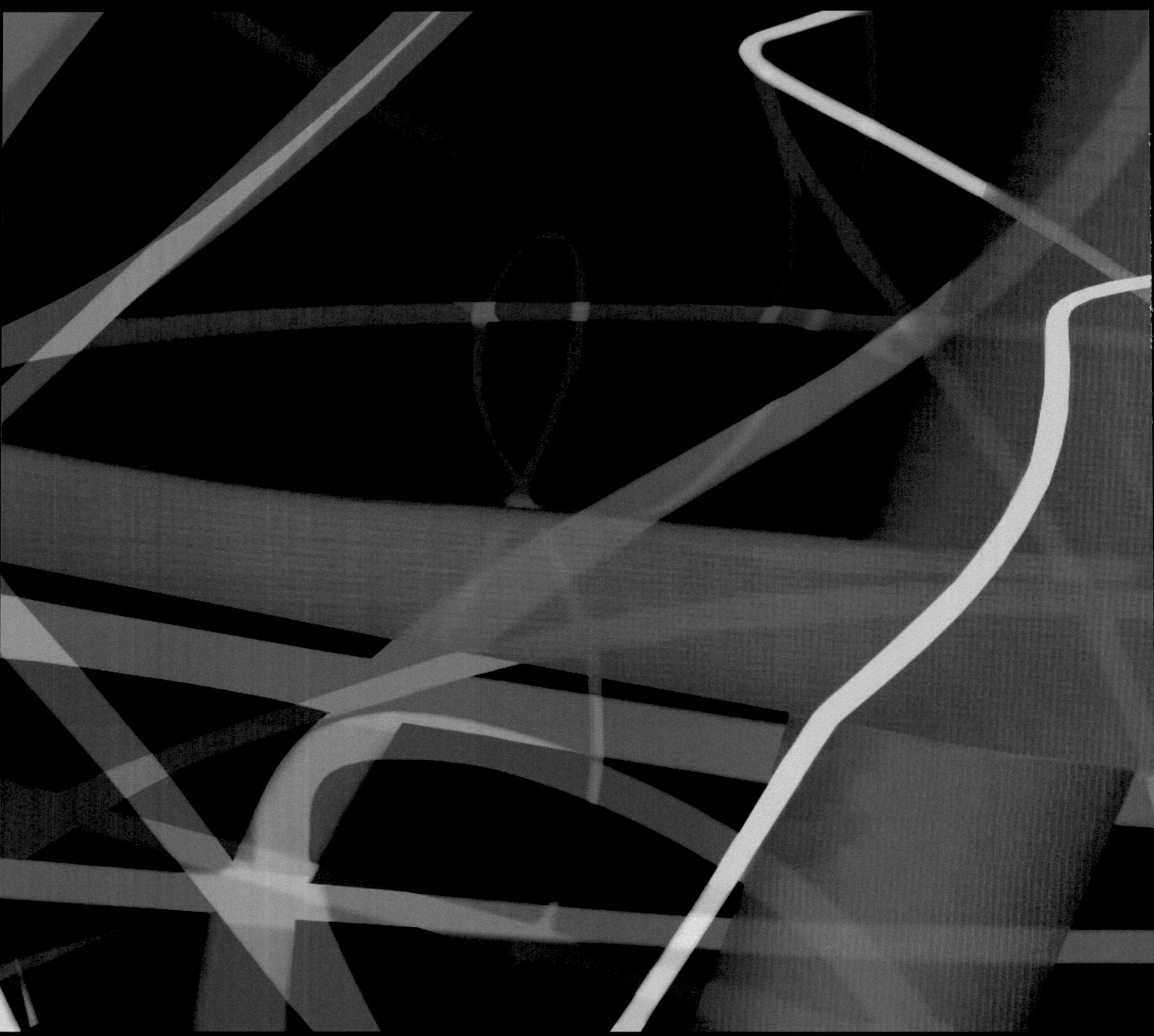

sparkling time
sprudelnde Zeit

credits

A Decade of Sun — YouTube   p./S.98
Google street view   p./S.104
Katsushika Hokusai, www.commons.wikimedia.org   p./S.104
Island hurti   p./S.20, 22, 24, 26
www.commons.wikimedia.org   p./S.104
www.de.wikipedia.org   p./S.34, 46, 78, 82, 84, 86, 92, 94, 96, 98, 100
www.german.china.org.cn   p./S. 76
www.hpgrumpe.de   p./S. 110, 112, 114, 116
www.istockphoto.com   p./S.48
www.kroener-photographie.de   p./S. 72
www.nuernbergluftbild.de   p./S. 103
www.science.orf.at   p./S. 95
www.thomasbrauchle.com   p./S. 88
www.wanderreiter-magazin.de   p./S. 50, 100

We have endeavoured to find out the owners of all rights. Should we nevertheless have no succeeded in notifying any of the owners, they are requested to contact the publisher.

Wir haben uns bemüht, sämtliche Rechteinhaber ausfindig zu machen. Sollte uns dies ir Einzelfällen nicht gelungen sein, so bitten wir die Betroffenen, sich an den Verlag zu wenden.

191